THE HOSTAGE RESCUE MANUAL
全球特战部队
营救人质作战指南

〔英〕勒罗伊·汤普森（Leroy Thompson） 著

张 博 孙迪辉 刘佳圭 译

中国市场出版社
China Market Press

图书在版编目（CIP）数据

全球特战部队营救人质作战指南 /（英）勒罗伊·汤普森（Leroy Thompson）著；张博，孙迪辉，刘佳圭译. — 北京：中国市场出版社，2018.1

书名原文：The Hostage Rescue Manual

ISBN 978-7-5092-1644-6

Ⅰ.①全… Ⅱ.①勒… ②张… ③孙… ④刘… Ⅲ.①人质—救护—指南 Ⅳ.①D815.5-62

中国版本图书馆CIP数据核字（2017）第298742号

Copyright © Leroy Thompson 2001.
Copyright of the Chinese translation © 2017 by Portico Inc.
Originally published in Great Britain by Greenhill Books under the title The *Hostage Rescue Manual* © Leroy Thompson 2001.
Published by China Market Press.
ALL RIGHTS RESERVED
著作权合同登记号：图字 01-2017-8156

出版发行	中国市场出版社	
社　　址	北京月坛北小街2号院3号楼　邮政编码　100837	
电　　话	编 辑 部（010）68034118　读者服务部（010）68022950	
	发 行 部（010）68021338　68020340　68053489	
	68024335　68033577　68033539	
	总 编 室（010）68020336	
	盗版举报（010）68020336	
经　　销	新华书店	
印　　刷	三河华晨印务有限公司	
规　　格	170毫米×240毫米 16开本	版　次　2018年1月第1版
印　　张	14	印　次　2018年1月第1次印刷
字　　数	200千字	定　价　68.00元

版权所有　侵权必究　　印装差错　负责调换

前言

当出现劫持人质的突发事件后，公众心中将会产生一种恐惧与同情相互交织的复杂情感。同时，如果不能认真计划并成功地加以处置，政府在公众面临的危机面前将会显得异常无能。通常，为了保护人质和营救人员，人质事件的细节对媒体和公众是保密的。因此，虽然事件也许会通过谈判方式或由安全部队采取武装行动加以解决，但公众对于行动如何实施往往只能了解到极为简单的细节。

本书试图提供一本关于人质营救的指导手册，供从事安全领域相关工作的人士使用，也帮助有兴趣的人们更好地理解那些默默保卫着这个社会的人——他们使社会免受那些通过威胁获得非法利益的人的影响——的任务与技能。书中的许多信息均来源于本人在世界各地培训人质营救部队的经验，其他信息则基于一些最为成功的国际、国家或地方特种部队与战术小组（SWAT）的标准行动程序。

但是必须牢记，由于政治、宗教和其他原因，各国的营救战术与标准行动程序可能各不相同。例如，在某些国家，特定种族、性别的人质可能会被认为比其他人质更为重要。即使是在民主社会，虽然理论上人人平等，但富有的、有影响力的人质也会被劫持者理所当然地认为能够促使政府和媒体做出重要反应。另外，文化也有可能对事件发展产生重要影响。

警察部门的差异也会影响人质事件的处理。例如，英国仅有少数警察配有武器，因此，即使是在已经配备了装甲应急车辆、反应时间较以前大为缩短的情况下，可能仍然需要更多时间才能在事发现场部署武装人员。

另一方面，美国的国情已经达到了这样的地步：大约50%的家庭拥有某种类型的枪支，警察遇到一名武装嫌犯的可能性远远大于别国，因此美国的人质营救部队进行了相应训练，将重点更多地放在强行突入与交火肃清现场，而不是仅仅遏制恐怖分子。

资金投入的问题导致了实际做法的更大不同。对于外行而言，如果他们得知了以下事实也许会非常吃惊：绝大部分人质营救工作是由规模较小、预算紧张的小组完成的，他们常常要充分利用所能获得的有限资源来完成任务。但在另一种情况下，拥有训练有素的警方或军方人质营救部队的富裕国家更有可能获得最为先进的武器装备以及全面的训练项目。

我相信书中包括的战术和程序为计划和实施成功的营救行动提供了正确的认识。同时我们必须牢记，随着武器装备和威胁的不断变化，营救人质的战术也会不断发展。

当然，高度专业和机密的技术将不会在本书中出现。

笔者试图使读者明白，一次成功的人质营救行动就像是一幅由多种技能、多个个体——而且每一项都极端重要——组成的马赛克图案。虽然谈判专家试图利用自己心理上的同情与理解化解事件，但他也在收集对突入小组有用的信息。通过技术和其他手段，情报专家对劫持者、人质和现场的信息进行不断地完善更新。狙击手则在冷静地观察事态发展，随时准备在必要的时候用精确的一击解决问题。与此同时，突入小组——身着黑色制服、佩戴防毒面具、手握冲锋枪的战士们——则对自己的计划进行着不断完善，以便在接到命令时提供"最终解决方案"。

从最初建立警戒线遏制人质事件开始，直到通过谈判、向狙击手发出"可以开火"的命令，或者采取武力突入实现成功营救，这部《全球特战部队营救人质作战指南》为读者提供了人质营救事件处置过程中的有益信息。

勒罗伊·汤普森
于密苏里州圣路易斯市

目　录

1 遏制事态与建立警戒　/001
最初反应　/002
内层与外层警戒线　/004
指挥所　/006
中期反应　/007

2 情　报　/009
关键情报　/010
事件现场　/015
拟制任务计划　/020

3 人质营救谈判　/023
成功谈判的基本原则　/024
行动中的谈判专家　/027
人员与训练　/033

4 狙击手　/037
狙击手的职责　/038
选拔与训练　/039
部署　/040
确保安全　/043
由狙击手发起的突入行动　/045
距离判定　/047

5 人质事件与持械拒捕事件的突入与肃清技巧　/053
定义持械拒捕事件　/054
对付没有人质的建筑　/057
具有核生化背景的持械拒捕事件　/059
突入　/061
关于突入与房间肃清的训练　/069

6 武器与装备　/073
枪支　/074
弹药　/112
化学弹药　/116
牵制与干扰装置　/117
夜视装置　/119
防护装具　/120
突入工具　/122
战术观察与情报搜集设备　/126
其他个人装备　/127

7 秘密或隐蔽突入与强行突入　/131
秘密突入　/132
强行突入　/152

8
对建筑实施行动时的具体问题 /157
制订对建筑实施突击的计划 /158
学校 /163
监狱 /166
核设施 /168

9
对车辆和火车实施的行动 /171
提供运输工具时需要注意的问题 /172
对车辆实施突击 /174
对大型客车实施突击 /177
对火车实施突击 /182

10
对船舶和飞机实施的行动 /187
对船舶实施突击 /188
对飞机实施突击 /194

11
结论与一般原则 /197
为成功营救制订计划 /198

附录1　本文所引真实事件的概要 /202
附录2　数据表/208
附录3　人质谈判专家心理检查表 /210
术　语 /214
推荐阅读书目及资料 /216

1

遏制事态与建立警戒

人质问题可能是由不同的事件引起的。最为常见的是家庭暴力或离婚、犯罪活动受到干扰、恐怖主义、警方的抓捕行动,或者"借警察之手自杀"。

在"借警察之手自杀"的情况下,劫持者也许会将人质作为迫使警方开枪击毙自己的一种策略。但在这种情况下,劫持者常常会在某个时刻改变自己的想法:也许他会杀死人质以避免被杀或被捕,也许他认为要确保警方将自己击毙,他必须杀死一名人质或是警官。犯罪活动受到干扰的情况,通常是接警警员将劫匪堵在他们试图抢劫的机构之内。

最初反应

在上述情况中,巡警通常是最先出现在现场的人员。在到达现场之后,如果劫持者当时并未真正开始枪杀人质,接警警员将努力遏制事态发展,通过建立警戒线将劫持者遏制在一定范围以内,以防止无辜的旁观者进入上述区域。首先,最先到达现场的警员将尽力占据能够最大限度观察现场周边区域的位置;接着,更多警员到达现场,警戒线上的漏洞得到填补。带有警犬的警员在建立最初警戒线以及随后组织外部警戒线方面具有特别重要的价值。

遏制嫌犯与人质

确保劫持者与人质无法"乘车逃脱"是极为重要的,即应当努力避免劫持者挟持人质进入车辆或将司机作为人质迫使其驾车逃离。在建立最初警戒线时,警方应留住任何可能在现场的证人,以便对其进行询问,获得关于劫持者、人质和劫持者藏匿地点的相关情报。

主导人质事件最初反应的4条基本原则是：

1. **遏制**——消除劫持者的机动能力。

2. **控制**——限制劫持者以及其他可能试图进入该区域人员的活动。

3. **交流**——尽早与劫持者建立联系，但实际谈判应当等待受过训练的人质谈判专家解决。

4. **协作**——开始评估解决事件所需的其他资源（如特种武器与战术小组、医疗急救小组、消防部门、人质谈判专家、媒体公关人员等）。

是否存在人质？

在最为重要的信息之中，有一条信息应当在事件早期加以收集，即现场有无人质。一旦确定了人质的有无，接下来的应对方式就可以根据主管机构是面临人质问题还是面临嫌犯持械拒捕问题制订相应计划。在建立最初警戒线后可能需要疏散附近居民，以免其受到交火影响。首先到达现场的警员应当制订一项应急计划，以防劫持者开始杀害人质或者试图挟持人质离开。这种计划通常非常简单，只是指定了进入室内阻止开枪者的警员。但由于巡警通常缺少重型防弹衣和重型武器，因此这种突入往往带有引起重大伤亡的可能。

应对随意开枪者

虽然一些机构制定了涵盖那些最先应对人质或嫌犯持械拒捕事件人员职责的标准行动程序，但仍然有必要做好应对"随意开枪者"的准备，这一术语用来称呼那些在学校、邮局或其他人员密集的建筑内发动武装袭击的人。一些机构设有特种武器与战术小组，其人员在没有任务时也分配有巡逻任务。此时人们往往会发现，在现场会有一些训练有素的警员，而且车上很可能带有自己的特种装备。在这种情况下，如果需要立刻采取行动以营救生命，那么这些警员可以准备突入。但首先要做出的一个重要判断是：采取行动或是不采取行动的后果会是什么？

延缓事态发展

同样重要的是，要牢记时间是化解人质事件的一项重要因素。出现人质或嫌犯持械拒捕状况的前30分钟通常极为重要，因为此时劫持者或枪手最为激动。这也是为什么早期遏制会如此重要的原因。在一般情况下，事件拖得越长，就越有可能得到和平解决。因此，除非人质或旁观者正在遭受伤害，否则进行早期处置的人员应当努力延缓事态的发展，直到特种武器与战术小组和谈判专家到达现场。

建立严密的警戒线

尽快建立严密的警戒线有助于实现多项目标。它可以消除劫持者的控制权，也可能有助于说服他进行谈判。严密的警戒线还能够防止劫持者的家人或朋友进行干扰，这是某些家庭人质事件中曾经出现的问题。它也有助于防止劫持者绑架更多人质。在建立警戒线的时候应当为警员留下反应空隙，使其能够进行机动，并对试图逃脱的嫌犯做出反应。

内层与外层警戒线

当现场集结了足够的警员后，应当建立外层与内层警戒线。

位置

有一点是非常重要的，即位于内层警戒线的警员应当努力寻找能够为自己提供掩护、同时也能对劫持者可能出现的门窗进行观察的掩护地点。同时，这些警员还应注意不要使自己处于其他警员与劫持者交火时可能会被击中的位置。弄清劫持者持有何种武器将有助于警方确定需要何种掩护，以及是否需要在更靠后的位置建立外层警戒线，例如在劫持者持有步枪的情况下。

内层与外层警戒小组

通常，只要经过专门训练的特种武器与战术小组、战术应用小组（TAC）或其他人质营救人员到达现场，他们就会接管内层警戒线。一旦他们进入阵地，就将承担遏制劫持者的主要责任，并且马上开始测算在嫌犯试图"乘车逃脱"情况下的范围与距离。外层警戒小组将负责应对旁观者、媒体和其他外界人士。如果突入小组已经就位准备"进入"，那么内层警戒小组就可以提供火力掩护以便该小组进入位置。内层警戒小组经常会负责使用催泪瓦斯之类的化学武器。由执法人员或宪兵负责警戒时一定要牢记，某些情况下人质事件的地点可能会被视为犯罪现场。因此，警戒人员必须做好保护这一区域，以供事件结束后调查人员对犯罪现场调查的准备。

情况介绍

内层警戒人员必须得到充分的情况介绍以便所有人都能明白基本的行动程序。他们必须熟知交火规则以及位于警戒线上其他人员的位置以便建立自己的射击范围。他们还必须清楚嫌犯的武器与位置，以便对自身遭到射击的危险进行评估。警戒人员应当始终注意自己的无线通信。虽然现代通信装备只有极小的噪音，但如果使用较老的装备，那么音量应当调低至劫持者无法听到的程度，否则他就有可能发现特种武器与战术小组的运动或战术行动。

> **实例**
>
> 无线通信噪音也有可能造成麻烦。例如，一位底特律特种反应小组（SRT）成员被杀，其原因就是一位高级指挥官在她的无线通信仍然打开时靠近现场，结果导致行动突然性遭到破坏。

任务解除或是接受到相应命令之前，任何一位警戒人员均不得离开其位置。一旦突入小组开始实施突入，除非出于营救生命的需要，否则警戒人员不得擅自开火。最后，必须强调的是，在事件发生场所周围进行的活动必须采取掩护与隐蔽措施。必须事先计划路线。进入某个位置的最短路线也许并不是最安全路线，这一点必须牢记于心。在一些情况下，一名警员移动进入位置时，其他人员要提供掩护，在夜间进行移动时一定要记住，背光会暴露人员的位置。

指挥所

一旦担任事件指挥官的高级军方或警方官员到达现场，他应当马上建立一个指挥所，将位置固定在别人能够方便地找到他的地方。建议此时建立一个战术行动中心（TOC）或指挥所以便对情报进行协调，并与现场各个不同单位保持联络。

指挥所的位置

指挥所应当尽量靠近行动现场，使指挥人员能够用肉眼监视现场，并与现场警员保持紧密联系，同时也应当保持足够的距离以免遭到火力打击。许多大型机构都有移动指挥所，这些移动指挥所能够迅速部署至紧急或突发事件的现场。由于配有电话、电视、紧急或突发事件的情况资料，因此，这些移动指挥所在行动中极为有用。

> 为了防止泄露特种武器与战术小组行动的信息，媒体应当被隔离在指挥所以外。

安排指挥所人员

在同一个指挥所中，融合了两种不同的观点，既有人质谈判专家的观点也有那些能够授权使用狙击手或是突入小队决策者的观点。存在这样的可能——特别是对那些经验不够丰富的谈判专家来说——如果他们意识到突入小组"即将攻入"，那么他们的声音或举止将在无意间暴露即将发起的突击。另一方面，谈判专家是一个极为重要的情报来源，他能在攻击开始时分散劫持者的注意力，或是将其诱至狙击手能够射击的位置。一种解决方案是将谈判专家安排在指挥所中，但其房间应当与突击计划制订人员隔开。

紧急事件指挥官的作用

紧急事件指挥官需要明确事态的关键要素，并判断是否需要特种人员与装备。此外，他还应当确保建立警戒线，使旁观者处于安全距离以外。

紧急事件指挥官还要将经验丰富的人质谈判专家、特种武器与战术小组指挥官和防火处处长（fire marshal，美国消防部门中负责检查公共建筑安全情况的官员）以及其他了解人质关押区域的人员集合起来。同时，紧急事件指挥官应当尽快评估归其指挥的人员的能力，以确定是否需要从州或联邦警方或军方特种部队寻求协助。他需要尽早着手制订一份简单而灵活的计划，以防劫持者开始杀害人质或其他情况导致采取的行动。

一旦现场集合了足够的人手，指挥官就需要挑选精干的下属并赋予其一定职责，其中需要选择与媒体打交道的公共信息官员，这样指挥官才能将注意力集中在处理紧急或突发事件本身。指挥部门中的人员还要安排一些简单的必需品，如供警戒人员和特种武器与战术小组使用的食物、饮水以及盥洗设施。

中期反应

在人质事件中期，尽快控制进入现场的电话线路、确保只有官方能够与劫持者进行通话是非常重要的。这一点将在关于人质谈判的第3章中进行详细讨论。 在人质事件的初期和中期，可能会有人质或其他人员从建筑中逃出或被释放。在这种情况下，应当进行谨慎处理，以确保他们确实是被释放或逃出的人员，而不是一名试图逃离现场的劫持者。一旦其身份得到确认，被释放或逃脱的人质必须接受详细询问，以便获得他们能够提供的所有情报。

在特种武器与战术小组接管内层警戒线以后，原来负责这些位置的警员即可用于补充外层警戒人员或者继续巡逻。随着事态的发展，外层警戒人员将不得不盯紧媒体，防止他们靠近现场，同时确保他们不会拍摄特种武器与战术小组的准备工作，否则可能危及营救行动。

虽然身着黑色制服的突入小组人员、枪法精准的战术射手或者不知疲倦的人质谈判专家都是人质事件解决过程中最引人注意的部分，但一定要牢记，正是那些建立警戒线的警员所提供的遏制与安全措施才使人质营救小组的其他人能够顺利开展行动。

2

情 报

在处置人质事件的过程中,情报具有无法估量的重要作用。无论是对于不得不使用武力解决人质事件的突入小组还是试图和平结束危机的谈判专家而言,情报都可能意味着人质事件的成功解决或悲剧收场。

关键情报

人质事件中的关键情报包括以下方面的信息：

- 劫持者
- 劫持者的犯罪与医疗史
- 劫持者的心智模式
- 人质
- 人质数量
- 劫持者劫持人质的原因
- 劫持者的暴力倾向
- 武器
- 存在的障碍或陷阱
- 最佳突入路线以及其他尽可能多的有用信息

如果所收集的信息希望成为有用情报，它必须：

- 及时
- 相关
- 准确

- 精炼

- 传达给需要的人员

及时非常重要。由于拟杀害人质的劫持者对反应方提出了时间限制，因此，要在一定时间内使其可能向狙击手下达"将其击毙"的指示，或向突入小组发出"开始行动"的命令。

同样，信息必须与实际事件**相关**。例如嫌犯曾在军队中担任爆破专家的情况就非常重要，因为这也许意味着存在爆炸物的可能，而他喜欢某个特定的摇滚乐团也许会为谈判专家提供一点有用的信息，但是不那么相关。

很明显，信息必须**准确**也极为重要。如果突入小组的成员被告知所有人质都在某个特定房间内，他们就有把握能够集中精力迅速肃清这一房间。

实例

关于情报不准的例子就发生在特种空勤团（SAS）对"王子门"伊朗大使馆人质事件进行突击的案例中（见附录1）。Pagoda部队在大使馆的窗户上使用了框架炸药，但引起了新的灾难：窗帘着火。当时SAS没有任何坚固的防火装备，同时他们并不知道原本计划要在行动中使用的一扇内门被锁上了。因此，虽然获得准确情报是我们追求的目标，但计划必须具有灵活性，以防计划依赖的某些信息不够准确，对事件的顺利解决带来不利影响。

信息的**精炼**既是情报专家的职责，也是指挥所专业人员的工作。他们必须从不断增加、浩如烟海的信息中找出重要的情报。

最重要的是，情报需要传达给那些需要的人。如果一个狙击小组发现劫持者离开了人质，那么他必须立刻将这一信息传递出去，因为它可能会影响突入行动或者要求他开枪的命令。类似的是，如果谈判专家在背景噪音中了解到任何信息，他也必须立刻将信息记录下来，并转给情报分析人员。

利用熟悉的联系人

关于劫持者的有用情报可以通过各种来源逐步积累，包括劫持者的家庭成员、同事、邻居、旁观者、曾经接触过劫持者个人的警员、早期处置的警员、邮递员、快递员，或其他送货人员与目击者。劫持者的犯罪记录、医疗记录、军队退役信息、教育记录或就业记录均可提供有用的信息。

劫持者的犯罪与医疗史

在评估劫持者采取暴力行为的可能性时，必须考虑各种不同的因素。这些因素包括诸如精神分裂之类的精神障碍或者抑郁症之类的情感障碍。偏执型精神分裂症或躁郁症等意味着更有可能使用暴力。滥用精神药物史也可能成为潜在暴力的标志，如果同时具有某种精神障碍的话则更是如此。

在短期暴力增大风险的各种标志有：

- 恶意怀疑
- 焦虑激动
- 思维紊乱，包括缺乏组织性和不正常的思维，以及
- 命令性幻觉（某些声音告诉自己对人们采取敌意行动）

在评估主体对人质采取暴力行动的可能性时必须考虑的其他各种因素，包括：

年龄，年轻主体更容易使用暴力；

性别，男性通常被认为更容易实施暴力行为；

智商，智商较低者更有可能实施暴力行为。

此外，较低的社会经济地位、工作不稳定与就业问题、团伙成

员身份、有性虐行为史、与执法机构有负面接触史在某些情况下某些重要感情事件周年（如离婚日）也可能成为引发暴力的导火索。暴力史特别是性虐暴力史是一项特别有效的预测因素。

劫持者的心智模式

其他预测因素可以通过观察劫持者对人质的行为而得到。如果劫持者不断威胁人质，将武器指向他，并且不断向当局或谈判专家提到伤害人质，那么这些均可表明他采取暴力行为的可能性较大。谈判人员必须受过对劫持者的情绪进行评估的训练，提醒紧急事件指挥官注意不断增大的非理性情绪或谈及将与人质和警方一起灭亡的话语。如果经过认真的整理，特别是如果营救小组能够得到专业精神或心理医生的帮助，对劫持者的行为进行评估，那么劫持者的心理状况分析将会成为一项非常有用的预测因素。许多人质营救小组都设计了标准化表格，用来对劫持者和人质的信息进行组织（见附录2）。

> 作者发现，将人质与劫持者的情况分析表格印制在不同颜色的纸上有助于快速识别，这是一种很好的做法。

弄清基本情况

应当尽快获得关于劫持者的至少如下信息：

- 有多少人？
- 他们是谁？
- 谁是他们的头目？
- 男性和女性各多少人？
- 其民族背景是什么？

- 他们的相貌如何？
- 有无他们的照片？
- 他们的精神状态如何？
- 他们使用何种武器？
- 他们是否穿有防弹背心？
- 他们是否设置了陷阱或爆炸物？
- 他们是否拥有防毒面具？
- 他们的要求是什么？

同时还应尽快弄清关于人质的基本问题：

- 有多少人？
- 男性和女性各多少人？
- 他们是谁？
- 是否有能够预测其行为的人质心理状况分析？
- 他们的相貌如何？
- 他们的衣着如何？
- 是否有人质存在特殊医疗问题？
- 他们被如何关押？

心理状况分析在持续时间较长的事件中往往十分重要。例如，当荷兰皇家海军陆战队对一列被劫持的火车发动突击时，他们的心理状况分析准确地预测到在突击过程中人质极有可能发生恐慌，甚至站起身来。

> 关于人质衣着的问题，我们需要意识到，已经出现了更为狡猾的劫持者与人质更换衣服的案例。

事件现场

关于事件发生场所的信息与关于人质和劫持者的信息一样重要。

需要收集的信息：

- 警戒线：办公室、家庭、零售摊点、政府建筑、工厂，等等。

- 突入点数量：门、窗、下水道、通风口。

- 门：何种材质？向内打开还是向外打开？锁与铰链的类型？

- 建筑结构：砖混还是框架？

- 劫持者据信在建筑中的位置。

- 熟悉现场环境，拥有设计蓝图、钥匙等的人。

- 现场周围地形。

- 建筑中是否有易燃或爆炸性物质？

- 公共设施：接入现场的位置。

- 是否有外部光源，特别是移动探测器？

- 是否有警报系统？

实例 在一个案例中，一支美国联邦调查局特种武器与战术小组在秘密接近一处住宅时，由于突然打开的安全灯而导致行动失利。由于丧失了突然性，小组被迫转入强行突入，在突入过程中一名队员被杀。某些小组使用带消声器的小口径手枪或步枪专门对付可能危及接近行动的灯光。

绘制现场草图

派遣一名明白现场细节对制订突击计划极为有用的特种武器与战术小组成员对现场进行侦查和绘制是十分重要的。草图中应当包括突击小组可能的隐藏地点,如篱笆、灌木、角落等。在绘制建筑草图时应使用标准方法对特征进行标注,以便通过无线电迅速、秘密地传递信息。一种常用的方法是:对房屋的四边使用颜色代码,使用数字代表由上至下的不同楼层和由左至右的每扇门窗。由上至下对楼层进行编号的原因是由于许多建筑建在山上,因此不同角度会有不同的层数。而采用由上至下的方法,人们可以对所讨论的楼层保持一致(见图2.1)。

图2.1 建筑通信代码

为了使突入小组、狙击手、警戒人员以及其他人质事件涉及的人员在指称某栋建筑时能够保持一致,可以建立如图所示的代码系统。如果劫持者位于前面、第二层,可以在无线电中表示为:嫌犯位于白色方向,3/3位置。

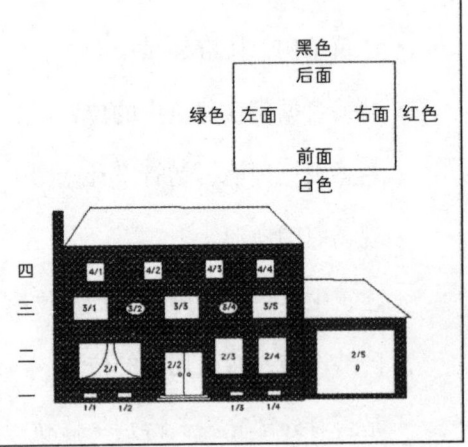

草图应当显示门、窗、公共设施连接处、篱笆以及其他可能的细节。标明门窗的类型(如单、双、滑动、防风门等,以及它们的开启方式)。应当借助目击者和其他人的帮助绘制内部草图。在办公建筑中,一定要注明窗户是否为镜面或彩色玻璃,因为这种玻璃只有使用高亮度光源向内照射才能让狙击手有机会开火。

找出是否有其他公寓、单元、房屋、办公建筑或教室具有类似布局。在可能的情况下进行拍照。

在许多公共建筑中,防火规定要求每层都要张贴楼面平面图,而它们可以显示出建筑布局。

从某幢住宅的窗户中通常可以得出许多信息。例如，最大、悬挂着最漂亮窗帘的窗户表明里面是日常起居区，中等大小的窗户通常代表卧室，靠近卧室的小窗户则往往是浴室。

现在许多特种武器与战术小组的笔记本电脑中都有计算机辅助绘图程序，这使得他们能够迅速制订出现场计划，并将副本分发给小组成员。

实例

> 营救小组常常也会对诸如法院、学校、医院和机场等人质事件可能发生的场所提前进行现场勘察。但没有人能够提前预测事件可能在哪里发生。例如，一支联邦调查局特种武器与战术小组就发现，自己面对的是一起发生在联邦调查局办公室的人质事件。

电子装置

人质事件现场内的情况信息也可通过不同类型的电子装置获得。内窥镜可以用于穿过墙壁或通风系统对劫持者进行观察，而传感器、激光束、隐蔽式麦克风或电子听诊器则可用于监听现场内部的对话。

> 关于特种装备，第6章将对上述及其他情报搜集装置进行详细讨论。

评估现场周围地形

在研究现场周围地形时，有5个问题通常是最重要的：

1. **最重要的地形特征是什么？** 注意那些能够为特种武器与战术小组及当局提供最大优势，同时能够阻止劫持者逃脱的地形。虽然通常来说，高地对于部署狙击手或设立观察所十分有利，但某些情况下最有利的位置不一定是在高于现场的地方。通常会有一些位于地平线以下的沟壑、管道或其他地形特征，它们也非常重要，因为可以利用它们秘密接近现场，但它们也可能为嫌犯提供合适的脱逃路线。

2. 正如上文所说，能够提供良好观察点的地形非常重要。在选择能够为人质营救人员——包括狙击手和遏制小组——提供良好射界的地点时必须非常慎重。

3. 对用来提供掩护与隐蔽的地形进行评估。掩护应当被定义为能够对劫持者的轻武器火力进行防护的那些特征，而隐蔽则可以被定义为能够将人质营救小组的存在或运动隐藏起来的那些特征。

4. 地形构成的障碍应当进行认真评估和标注，以便在需要发动营救行动时使用。障碍不但包括篱笆、树篱、水沟和其他物理特征，而且包括安全灯、警报系统和攻击性犬类。

5. 在评估地形时，寻找一切可能的接近路线与脱逃路线。在寻找脱逃路线时，应当将其看作必须加以截断以防劫持者逃脱的路线，但也可将其看作突击行动被迫放弃时的撤退路线。

在战术行动中心或指挥所中，情报分析人员应当按照分工领域组织信息，以便向实际执行者分发。

典型的划分形式包括以下内容的相关信息：

- 劫持者

- 人质

- 场所

- 嫌犯手中的武器与弹药

- 要求

  a）目前要求

b）较低要求

　　c）更高要求

- 楼层平面图
- 公共设施
- 医疗问题

现场装备

通常，每个主要的情报领域都会分配一块公告牌或黑板。信息需要不断更新，最新信息应当提供给狙击手、突入小组、指挥人员和谈判专家。这些信息可以用于对突入计划进行调整。能够对劫持者、人质和现场照片进行迅速复印和放大的高质量图片复印机之类的设备也非常重要。

人员职责

战术行动中心的人员也应努力寻找与实际现场尽量一致的地点以供突入小组演练使用。但这一区域应当靠近现场，以便该小组能够随时待命。在某些情况下，临时占用附近某处停车场是最好的选择。但如果事件发生在一栋多层建筑中，就有可能在与人质被关押楼层相同的另一楼层进行演练。随着情报的不断更新，指挥人员必须不断评估是否需要特种装备或人员。例如，如果有迹象表明安装了爆炸装置，那么就需要向爆炸物处理小组发出警报并将其召至现场。

行动安全

在处理诸如人质营救之类的战术行动的情报时存在这样一种倾向，即：认为反情报工作并不像军事行动中那样重要。但事实也许并非如此。媒体，或者人质事件中劫持者的同谋也许非常希望获得营救计划的信息。显然，劫持者所获得的信息可能会使他们击退人质营救分队的行动。因此，应当在战术行动中心或指挥所周围采取基本的行动安全措施。

基本行动安全可以分为5个步骤：

1. 通过分析准备活动的要素以及可能被证明对敌方有利的内容，确定敏感信息。

2. 通过研究谁会重视这一信息，确定威胁。

3. 通过分析谁或什么可能泄露重要信息，确定薄弱环节。这可能包括支援部队、媒体、观看突入小组演练的民众、谈判专家与劫持者通话时出现的背景话音，等等。

4. 进行风险评估。

5. 对已经确认的风险实施反措施。例如，为了确保人质谈判专家与劫持者通话时不会有重要信息被对方听到，可将其他人安排在与其隔离的房间。

拟制任务计划

情报一旦收集，就应当用于行动计划的制订。突击计划通常会随着情报的收集而不断调整，直到小组突入的那一刻为止。

通常，优先考虑的内容包括：

1. 人质的生命

2. 其他无辜平民的生命

3. 警方或军方人员的生命

4. 最后，劫持者的生命

行动计划本身通常采取军用格式，分为5项主要内容：

1. **态势**。该部分内容包括事件如何发生、劫持者与人质、地形与其他相关细节的信息。

2. **任务**。该部分需要精确描述任务的最关键部分是什么。虽然通常基本任务是营救人质，但是也可能会有例外。例如在某处核设施中，根据"少数人的利益服从于多数人的利益"的原则，确保核设施的安全完好可能远远高于人质安全。任务的部分内容可能包括从劫持者手中夺回某些物品（如机密信息）。对警方小组而言，逮捕嫌犯、保护犯罪现场可能是任务的一部分。在特定环境下，击毙嫌犯也可能是任务的部分内容，例如，嫌犯手中握有某一爆炸装置的起爆器，而将其击毙是阻止他的唯一办法。

3. **实施**。该部分内容将明确描述完成任务的方法，当然将应付意外情况的方法包括在内也非常重要。

4. **管理与后勤**。该部分内容规定了完成任务所需的装备与人员。

5. **指挥与信号**。该部分内容详细规定了指挥链的构成，包括何人有权命令发动突击或向狙击手发出射击命令，也会列出将要使用的无线电频率和无线电代码。

虽然拥有一份明确的计划至关重要，但这份计划绝不能僵化死板，不能妨碍现场人员针对意外情况做出调整。

3

人质营救谈判

人质谈判专家的主要任务就是通过与劫持者进行沟通、建立融洽的气氛，使人质事件得到和平解决。在绝大多数人质事件中，谈判是屈服或使用武力之外的另一个选择。谈判也能为突入小组提供时间，为已经证明必须使用武力的情况做好准备。

成功谈判的基本原则

人质谈判的两种基本方法有时被简单归纳为利用烦琐的决策和细节使劫持者疲于应付直到其放弃，或是拖延时间直到突入行动开始。两种说法都将问题简单化了，实际上，一名好的谈判专家也许会试图使劫持者忙于应付各种琐碎的问题，但同时也会为特种武器与战术小组准备实施强行突入提供条件。

当然，在事件初期，谈判专家将努力减缓事态的发展以消除危机。通过使劫持者不断说话，谈判专家会有很大机会保证人质存活。

> 或许能够证明人质谈判专家重要性的最好例子来自1997年美国最大城市的一支特种武器与战术小组的研究。该研究发现，80%的人质事件通过谈判得到了解决。

阶段

在人质谈判过程中，联邦调查局认为通常会发生3个阶段：

1. **开局阶段**。该阶段包括事件最初的几个小时，此时谈判专家必须努力使劫持者冷静下来，以确保人质的安全，并且开始讨论实质要求。

2. **拉锯阶段**。在这一阶段，谈判专家将试图压低劫持者的要求，或许能够实现部分人质的释放，建立融洽关系，并寻找解决问题的途径。

3. **终局阶段**。在这一阶段，劫持者常常会丧失耐性，要求实现自己的要求（如要求提供前往机场的车辆，以及提供飞机）；紧张程度也许会升高。在这一阶段，谈判专家控制事态的发展是至关重要的。

让步

在整个过程中，谈判专家不应在没有获得相应回报的情况下做出让步。例如，如果劫持者希望与媒体通话，他就必须释放人质。在事件中，许多事情都是可以谈判的，包括食物、饮料、运输、各种设施。

通常不能谈判的内容包括酒精与毒品（因为它们可能会增大劫持者采取非理性行动的倾向）、武器，或人质交换。

虽然在电影中，经常可以看到英雄人物挺身而出交换人质，但通常来说，这是一种糟糕的做法。实际上，这种交换可能恰恰使劫持者相信自己得到了一名更有价值的人质，从而导致他变得更加难以对付。

适应

经验丰富的谈判专家必须能够使用不同方法适应形势和劫持者。许多时候他们必须表现的沉着冷静、愿意提供帮助，但其他时候则必须表现得非常强势，能够控制形势。在整个谈判过程中，谈判专家就像是向劫持者提供经过过滤的信息的平台。因此，谈判专家必须精通如何选择需要传递和不能传递的信息。如果在人质事件的早期阶段有人受伤并随后死亡，那么也许最好不要告诉劫持者他是一名杀人犯，因为如果知道自己将面临终身监禁或死刑，那么劫持者与警方合作和平解决事件的动力就会减弱。

为了成功地进行谈判，美国联邦调查局总结认为需要具备下列前提：

- 劫持者希望活命。

  对于某些特定的恐怖主义团伙，特别是某些极端组织，为某一事业而死的愿望或许远远超过活命的愿望，这使得谈判的效果令人怀疑。

- 有足够的力量能够威胁到劫持者的性命。

  派出特种武器与战术小组消灭劫持者的可能性为谈判专家提供了优势。至少在一起涉及爱尔兰共和军的事件中，持械拒捕的嫌犯仅仅是得知特种空勤团已经来到现场后就主动投降了。

  但另一方面，由于荷兰政府具有仁慈的名声，以至于劫持德庞特列车（Depunt train）的印尼南马鲁古恐怖分子拒绝相信荷兰会诉诸武力，从而使得谈判变得异常艰难，最终迫使荷兰皇家海军陆战队采取突击行动（见附录1）。

- 劫持者与谈判专家之间的沟通。

- 现场有人授权可对劫持者做出决策。

- 劫持者提出一到两项要求。

- 通过遏制使劫持者无法自由活动。

- 时间允许谈判专家和劫持者以及劫持者与人质之间建立融洽关系。

- 能够传递出如果需要部队随时待命的信息，但同时表现出愿意帮助劫持者实现和平解决的谈判专家。

谈判能够满足各种劫持者的需要的事实有助于谈判进程。例如，罪犯也许会将谈判看作救命的机会，因此可能会与官方达成协议。患有精神疾病的劫持者也能够得到对自身问题的关注。最终，恐怖分子也许会将谈判过程看作一种通过帮助自己找到观众从而推进自身计划的途径。同样，对很多恐怖分子而言，谈判使他们能够获得活命的机会，也许某一天还可以再次出手。

确认进展

在事件过程中，谈判专家均应留意能够表明谈判取得进展的标志。

这些标志可能包括：

- 谈判过程开始后，不再出现死伤情况；
- 来自对方的威胁降低；
- 对方的相对冷静的举止；
- 对方理性的讨论与行动；
- 最后期限已过但对方未采取行动；
- 对方表现出更强的讨价还价的愿望；
- 对方的要求降低；
- 人质已经得到释放；
- 谈判专家认为已经与对方建立融洽的关系；
- 对方表示出对人质状况的关注；
- 有迹象表明对方正在考虑投降。

行动中的谈判专家

为了行使其职责，谈判专家应当表现为中立、息事宁人的形象，必须将注意力集中在解决事件的实用性方面，必须避免与劫持者陷入政治或哲学问题方面的争执，必须与恐怖分子头目或主要的劫持者建立融洽的关系。

个人素质

一项重要的技能是"积极倾听",这样能够体现出对人质状况和劫持者的感受的关心。谈判专家必须能够缩小讨论的范围,重点是说服劫持者不做傻事。最成功的谈判专家通常是优秀的交谈对象,他们有能力说服劫持者投降。虽然同情是一种很重要的性格特征,但是谈判专家必须避免在情感上与劫持者搅在一起。

> **实例**
>
> 研究证明,优秀的谈判专家通常口才较好,充满自信,拥有良好的推理能力,并且对他人十分敏感。

谈判技巧

优秀的谈判专家遵循着一套策略,这一策略的目的是将事件的控制权从劫持者手中夺回,并且消除发生暴力的可能性。

谈判专家使用的技巧包括下列内容:

1. 用细节问题使劫持者应接不暇。

    例如,如果对方要求香烟,就详细地和他讨论是要哪种牌子的香烟,是要带过滤嘴的还是不带过滤嘴的。通过使劫持者陷入细节问题,可以使他不会过于关注人质。

2. 询问一些没有固定答案的问题,以便继续对话。

3. 避免发生冲突。

4. 通过谈话消磨时间,努力使劫持者忘记最后期限。

5. 控制接近劫持者的途径。

6. 努力实现多名人质的释放。

    有时这可以作为允许劫持者接触媒体或者获得他希望的其他物品的交换而得以实现。也有可能说服劫持者出于"人道主义"考虑,甚至只是为了更容易控制更少的人质而释放妇女、儿童或者那些有医疗问题的人员。

7. **控制劫持者的环境。**

   通过控制电力、电话、水源、空调和其他环境因素,有可能使劫持者释放人质以换取再次开启这些设施。比如缺水,在耗时较长的事件中可能会影响洁癖型劫持者选择妥协乃至投降。

8. **使用劫持者自己的言辞反驳对方。**

   许多恐怖分子团体声称代表了受压迫者或是普通民众,那么,他们为什么不该释放那些原本是"工人"的人质?这也是一次呼吁人道主义的机会。

9. **避免否定性回应。**

   为了避免说"不",谈判专家应当拖延或者解释说自己不得不将问题报告给更高级别的官员。

10. **态度积极。**

    谈判专家必须表现出一种"一切问题都能解决"的态度,即使他已经告知突入小组的联络人员看来必须实施突入行动。

11. **有意淡化人质的重要性。**

    虽然在解决人质事件时人质的安全最为重要,但如果给劫持者留下"人质安全如此重要,以至于当局软弱无能"的印象,那么可能会适得其反。

12. **在谈判过程中记录最后期限以及其他关键事件。**

13. **创造劫持者与人质不得不进行合作的态势。**

    如果谈判专家能够促成这样的合作,就能在劫持者与人质之间建立一种联系,使得劫持者难以伤害他们。其中一种方法是提供大件食物或饮料,这样只有进行合作才能准备和提供饮食。

情感卷入

斯德哥尔摩综合征

最后一种技巧试图利用一种在人质事件中常常出现、对人质有利的现象。这种现象被称为"斯德哥尔摩综合征",这种劫持者与人质之间的联系通常被用来指代某些案例中,自身安全依赖劫持者的人质对劫持者的认同。

> **实例**
>
> 这种综合征的名称来源于1973年夏季的一次事件。当时斯德哥尔摩发生一起银行抢劫案,结果导致人质被劫持。其中一名人质与劫持者产生了深的情感,以至于最后她嫁给了劫持自己的人。这可以与那些遭受殴打的妇女与她们施暴的丈夫之间的关系进行对比。作为这种综合征的结果,人质也许会主动试图保护劫持者,向其发出营救小组靠近的警报,或者用自己的身体挡在劫持者与突入小组之间。在"王子门"营救行动的案例中,一名女人质试图用身体保护一名年轻的恐怖分子使其免受特种空勤团攻击。

斯德哥尔摩综合征将一名或多名人质转化为同伙的可能性使得被释放的人质常常会受到羁押和隔离,直到官方确信其不具备危险性为止。在长期被围的情况下,人质也有可能将官方机构视为敌人,因为他们未能采取任何措施减轻自己的压力。美国联邦调查局行为学部门的研究甚至显示,在突入过程中人质更有可能服从劫持者的命令,而不是实施营救行动的官方机构的命令。

斯德哥尔摩综合征也有积极的一面。它也许有助于保护人质,因为许多劫持者已经与人质建立了某种关系,从而使他们不会杀害人质。因此,谈判专家、狙击手或观察员以及那些搜集电子情报的人员应当注意是否有某名人质被从其他人中带走,甚至可能被戴上面罩，这常常表明这名人质已经被判处了死刑，即将被处死。关于哪些人质最有可能被挑选成为杀鸡儆猴的对象也有一些有趣的研究，在各种训练模拟情况下，扮演马屁精、向劫持者献媚的人都会被选中，因为他们实在令人心烦。

> **实例**
>
> 在"王子门"事件围困过程中，支持伊朗精神领袖霍梅尼、支持劫持者立场的人质被率先剥夺生命。而在另一个案例中，劫持者与人质不得不睡得很近，而打鼾声音最大的那名人质被处死，因为他让所有人无法入睡！

谈判专家与斯德哥尔摩综合征

人质谈判专家必须牢记，自己也可能成为斯德哥尔摩综合征的受害者，因此必须不断提醒自己不要在情感上过度卷入电话另一端的恐怖分子或是劫持者。一名谈判专家由于过分专注于说服恐怖分子投降以至于无意间发出了警告："你现在一定、一定要马上出来！"如果因此导致正在实施的突入行动失败，那么有可能变成一场灾难。

不过，虽然这是个问题，但目前还没有出现过某位谈判专家泄露突入信息的情况。而谈判专家们则多次通过提供及时的情报、确定最危险的劫持者或者实施牵制为突入提供了支援。为了在谈判专家和有权决定使用武力的人之间建立缓冲，绝大多数人质营救部队奉行的一条真理是：**谈判专家绝不指挥，指挥人员绝不谈判。**

精神病学评估

优秀的谈判专家通常接受过某些心理学训练，能够将这些训练应用于评估劫持者的心理状况。许多小组中包括一名主要谈判专家、一名或多名在耗时较长的事件中减轻主要谈判专家压力的助理谈判专家、一名负责对谈判专家收集的情报和其他情报进行协调的情报官，以及一名心理学家。有些小组还包括与特种武器与战术小组的联络人员，这一小组在必要的情况下可以实施突入行动。虽然心理学家可以提供有关劫持者精神状态的专业建议，但谈判专家也必须能够总结结论，并将重要数据传递给心理学家。尤为重要的是，谈判专家应当能够对劫持者与人质之间是否已建立某种联系或者是否有迹象表明劫持者可能即将达到采取暴力行动的临界点进行评估。

> 许多谈判小组拟制了工作表格，这种表格可以帮助建立劫持者的心理状况分析（见附录3）。

谈判专家必须能够使用心理评估技术对事件过程中各个时刻劫持者的情绪稳定性进行评估，以判断需要采取"战术措施"的时机是否已经到来。他还必须能够观察劫持者的自杀征兆，因为特别是在家庭成员被劫为人质的情况下，劫持者也许会先杀害人质，然后自杀。

劫持者通常可分为4种基本类型：

- **妄想型精神分裂者**：常常表现出遭受迫害的幻觉。谈判专家应帮助此类人员排遣这种感受。

- **精神抑郁者**：表现为感觉无助、缺乏信心，并有自杀倾向。

- **反社会人格型**：自私、不负责任；对挫折具有较低耐受力的典型罪犯类型；总是责备他人——这是一种很难谈判的类型。对谈判专家而言，最佳谈判技巧是使其相信谈判专家会帮助劫持者活命。

- **不健全人格型**：不能对形势做出有效应对的参与者。

虽然恐怖主义劫持者可能属于这些心理类型的一种，但在恐怖分子身上也有一些带普遍性的人格特征，包括自尊心较弱、冒险倾向。许多恐怖分子将外部力量具体化并指责其控制了自己的生活，因此他们常常将暴力指向社会秩序的力量。这些恐怖主义重要的团体特征也在许多加入恐怖主义团体——或邪教——的个人身上出现，因为他们都在寻找自己的归属。

> 在研究巴斯克独立运动（埃塔）和爱尔兰共和军恐怖分子的著作中，也曾得出这样的结论：那些"混血儿"，即自己父母中有一位不是巴斯克人或爱尔兰天主教徒的人，更有可能为了证明自己而成为团体中最激进的成员。

人员与训练

挑选谈判专家

在挑选谈判专家时，如果能有大量人员可供选择将大有益处。例如，在一个多种族社区中，拥有一位多数族裔的谈判专家以及明白何时需要根据种族挑选谈判专家是非常有用的。又如，一些美国大城市的人质营救小组已经发现，最好不要派遣一位黑人、女性谈判专家处理白人、男性劫持者。显然，一位防守严密的白人至上主义者可能不会与黑人谈判专家好好相处，而一位戒备森严的黑人至上主义者也不会与白人谈判专家处理好关系。在一些社区中，如果在黑人与拉美人之间出现不满情绪，那么白人谈判专家会被视为较为中立，处理某些事件中会更合适。拥有通晓多种语言的谈判专家是一种优势，但也需要能够翻译更为深奥的语言的语言学家。

> **实例** 在作者居住的圣路易斯市，许多波黑难民在此定居，因此执法机构需要招收能讲塞尔维亚、克罗地亚语的可靠人员。若干年前，圣路易斯市联邦调查局办公室就有一位阿拉伯社区出身的探员，他经常作为受过训练并且能讲阿拉伯语的执法人员受到召唤。

联合训练

为了使谈判专家能够更加有效地与特种武器与战术小组一同工作，应当经常开展联合训练。在训练场景下，一项对谈判专家有用的技能是扮演人质。这不但有助于谈判专家将自己的经验用于塑造真实的"恐怖分子"，而且也能让他进入自己通常的"对手"的脑海里。美国能源部经常使用表演专业学生在各种场景中扮演劫持者的角色，通过引入局外人为谈判专家和特种武器与战术小组提供更强的真实性。

但是，无论给训练场景添加多少真实性，人为制造某些实际发生的灾难一样的状况仍然是十分困难的。

> **实例** 在圣路易斯市，警方不得不面对一起人质劫持事件，在那次事件中，一位训练有素的谈判专家和特种武器与战术小组指挥官劫持了一名警官。这位劫持者不但了解谈判的技巧，而且实际上他还培训了正在与他通话的那位谈判专家以及准备突入的小组成员。当他与谈判专家对话时，他准确地说出了指挥所里和突入小组正在发生的一切。这一事件——后来成为电影《谈判专家》的故事基础——最后得到了解决，因为谈判专家很好地利用了劫持者不愿伤害自己以前队友的心理。

> **实例**
> 在另一起真实事件中,一桩珠宝店抢劫案出了岔子,导致一名劫匪——居然还是个盲人——劫持了一名人质。由于劫持者的听觉异常灵敏,他能够听到谈判专家周围的任何背景声音,也能听到突入小组人员在店外的运动。但最终谈判专家使劫匪冷静了下来,"通过谈判使其投降"。

谈判专家与特种武器与战术小组的联合训练有助于双方理解对方的需求与能力,以免在某一方被蒙在鼓里的情况下产生某些案例中曾经出现的敌视情绪。谈判专家也应当了解何种情报是对突入小组最重要的,以便及时提供相关数据。如果获准与某位人质对话以"确定他情况正常",那么有经验的谈判专家可以通过询问一些能够用"是"或"不是"来回答的问题收集有用的情报(如:所有人质都被关在同一个房间里么?你看到有爆炸物么?),谈判专家和特种武器与战术小组常常会找到"饵钩",即劫持者通过不同方式要求的物品。谈判专家将饵钩看作是从劫持者那里获得交换的方式,而突入小组则将饵钩看作突入过程中可能的牵制手段。在许多实例中,如果确实需要实施突入,那么谈判专家可以发挥牵制的作用。通过使电话响起,他就可以将劫持者吸引到某个房间的特定位置。

> **实例**
> 一个经典案例发生在"王子门"人质事件中:来自伦敦警察厅的谈判专家将恐怖分子头目牵制在电话旁边,甚至在特种空勤团已经攻入房间将其击毙的时候还在对他说"没有任何可疑的活动"。

优秀的谈判专家在处理任何人质事件时都是极为重要的。他也许可以在不使用暴力的情况下化解局势,说服劫持者投降——而这是最好的解决方式。但是,如果事实证明无法通过谈判说服劫持者投降,那么谈判专家可以为突入小组提供情报、拖延时间安抚劫持者、有助于制订有效的突入计划,甚至有可能通过发挥牵制作用为突入做出贡献。

虽然身着黑色制服、配备冲锋枪、实施实际突入行动的人常常会被媒体描述为英雄,但我们应当记住,在全世界几十起必须实施突入的人质事件中,死于警方火力的人质数量大于死于恐怖分子火力的人质数量!但也要记住,在上述许多事件中,如果不实施突入,就会有更多人质死亡。尽管如此,人质幸存的最好机会通常还是取决于人质谈判专家。

4

狙击手

虽然"狙击手"这一术语常被用来泛指那些能够提供远程打击能力、消除某种威胁的射手,但也有一些人并不认为这一术语适用于参与警方人质营救行动的警方远程射手。

有时会使用其他术语如"战术射手"或"神枪手"以便区别于以下情况，即：除非隶属于诸如美国三角洲部队或英国特种空勤团等担负人质营救任务的部队，否则军队狙击手的任务要比警方战术射手的任务宽泛得多。

警方神枪手开枪通常是为了拯救生命，而军方狙击手则是为了消灭敌方士兵或者破坏敌方的通信或指挥链。

在明确了上述区别以后，本章中将交替使用"战术射手"、"神枪手"和"狙击手"。

狙击手的职责

狙击手在人质事件现场肩负着许多职责。他要提供情报、掩护其他人员运动、保护无辜的旁观者、阻止危险的劫持者逃脱，还要在接到命令后使用一次精确射击来消除威胁。狙击手也有可能被要求通过开火的方式帮助突入小组吸引对方注意。这可能包括在建筑物远离突击方向的一侧开火。狙击手也有可能受命将灯光打灭以防泄露隐蔽接近行动，或者消灭威胁突入小组的攻击性恶犬。

在突入小组接近的过程中，狙击手为其提供掩护，以防劫持者将其发现。狙击手还要保护消防人员、医疗急救人员，或者可能不得不在现场附近活动的人员。在突击行动中，狙击手帮助指引突入小组，向其警示陷阱位置、隐藏的嫌犯或其他危险。

在某些情况下，躲开突入小组的嫌犯可能会对小组造成直接威胁，因此可能被狙击手清除。通常，如果狙击手不得不对付多名劫持者，他们会排列一个优先顺序。总的来说，持有最危险武器的敌人将被首先清除（例如持有冲锋枪的敌人要比持有手枪的敌人先成为射击目标）。

接着，由于其过去的暴力记录而被认为最危险的敌人将受到攻击。

最后，那些由于其位置——离人质最近，或是处在威胁突入小组的位置——而被认为造成威胁的敌人将被消灭。

选拔与训练

在选拔狙击手时，重点应该放在身体条件上，因为狙击手可能需要进行大量的攀爬运动才能到达射击或观察位置。耐力也是狙击手构成中一个重要因素，因为他可能常常不得不在一个位置等待许多小时，但在机会出现时仍然必须能够进行准确的"冷枪"射击（a cold shot，此处指的是未经校枪即直接射击——译者注）。许多小组愿意选择具有军队经验或本身就是猎人的狙击手，因为这些背景更有可能提供在接到命令后能够毫不犹豫扣动扳机、夺去恐怖分子生命的枪法出众的狙击手。

狙击手训练应当包括下列技能：

- 弹药选择

- 射击目标时命中位置的选择，包括使对方瞬间死亡的命中位置

- 以狙击手开火为先导的突击

- 对风力影响的估算

- 对某一现场的渗透

- 伪装

- 使用光学设备估算距离（如密位点瞄准具，Mil Dot——见本

章下文图4.1）

- 弹道学（子弹的下落）
- 狙击手的部署
- 火力协同
- 中间存在障碍物时的射击
- 从不同位置实施射击
- 快速目标获取与射击
- 目标确认
- 对移动目标的射击
- 开火时机

狙击手进行观察训练是非常重要的，这种训练会给他们一段时间观察某个区域——要么是通过望远镜，要么是通过步枪瞄准镜——然后要求狙击手写下他所看到的内容。这种训练对于提高狙击手观察和向指挥所传递有关现场和劫持者有用情报的能力很有价值。

部署

特种武器与战术小组狙击手通常采用两人小组（一名狙击手及一名观察员）的形式部署。

观察员的任务包括：

- 观察现场
- 负责通信
- 在持续时间较长的事件中替换狙击手
- 为狙击手位置提供防护与安全

- 向狙击手发出射击口令

由于观察员具备安全职责，许多部队会为他配备装有良好光学设备的突击步枪（如装有Elcan瞄准镜的AR-15或M16步枪）。这就使得观察员能够提供近距离密集防护火力，同时仍然保持远距离打击能力。在许多部队中，观察员还担负着记录与自己小组有关事件日志的责任。这份日志将作为一项证据，特别是在狙击手受命向目标射击的情况下。

向狙击手介绍情况

在部署之前，狙击手或观察员小组应当得到全面的事件情况介绍。这有助于他们更加有效地完成任务，同时建立收集情报的良好基础。在获得情报之后，狙击手与观察员必须明白及时将情报传到指挥所或突入小组——如果突入小组已经就位的话——的重要性。有些小组为观察员配备了带有远距镜头的相机。这样嫌犯、人质、现场内部情况等均可拍摄下来用于情报和情况介绍。但如果使用此类相机，就必须做好安排，使照片能够迅速送至指挥所。

在无法得到照片的情况下，狙击手或观察员通常会借助明显的身体特征识别对方并进行联络（如用"高个儿先生"表示某位个头很高的嫌犯，"红头发女士"也是此类）。在现代人质营救行动中，与其他狙击手或观察员小组的通信也经过了严格的训练，从而使得发生交叉火力的可能性大为降低。在可能的情况下，最好能够部署至少4支小组，这样狙击手就能平均划分某个区域，对现场各面实施完全覆盖。另一方面，许多反恐部队现行的标准行动程序（SOP）是每名劫持者由两名狙击手负责，以增大使其瞬间死亡的概率。如何部署将取决于现场情况和劫持者的数量。

潜行

在进入狙击位置时，狙击手与观察员需要对路线进行侦查，并在潜行过程中相互掩护。在移往藏身地点以前，狙击手和观察员应当进行一次"跳跃试验"，确保身上的装备不会因为发出声响而暴露自己。如果在进入位置时需要沿街道前进，那么建议沿左侧运动，这样，如果需要在门口或走廊上迅速找到掩护的时候，步枪可以快速移至右肩进行射击。

在移动过程中，将狙击镜倍率调整在3倍位置是一种比较好的做法，这样能够在目标出现时迅速寻获目标，同时"颤动"较小。在移动过程中和进入狙击位置以后，狙击手或观察员必须仔细寻找目标特征，如闪光、运动、声响、形状或对比，它们有助于确定潜在目标的位置，特别是现场屋顶的恐怖分子哨兵等。在其他情况下，进入狙击位置时狙击手和观察员可以使用欺骗手段。比如他们可以化装成送货人员，将步枪藏在长条形鲜花盒内，这样就能公开进入现场附近的建筑。

选择藏身地点

在选择藏身地点时，狙击手或观察员小组应当尽量靠近目标，在城市环境下最佳距离为100～200码。重要的一点是，指挥人员绝对不要试图规定狙击手应该在哪里藏身。相反，他们必须相信狙击手的训练和经验，由他自己选择能够给他带来完成任务的最佳机遇的位置。

但即使最好的狙击手也非常清楚，策略并不总是按照自己的预期发展，因此需要制订一份应急方案。实际上，许多狙击手都会选择一到两个备用位置，以便在开枪后需要转移时或是在对方发现了自己，要求谈判专家撤走狙击手的情况下使用。谈判专家常常会要求（劫持者）做出一定让步以换取撤除狙击手，而狙击手则会移动到另外的藏身地点。

所选位置应当便于观察以收集情报，同时能够作为稳定的射击位置。在设立位置时，重要的是狙击手或观察员能够观察到现场尽可能多的情况，包括尽可能多的门窗等。所选位置必须能够使他们与环境融为一体，防止被可能的误闯者破坏。在评估某处能否作为射击位置时，还必须考虑到无辜民众出现在射击背景中的可能。

屋顶藏身点

虽然电影中在屋顶部署狙击手非常吸引眼球，现实中有时也要使用屋顶，但使用屋顶藏身点有许多不利之处。狙击手或观察员不但有可能在天空的映衬下显出身形进而暴露位置，还有可能被乘直升机进行现场报道的记者提前曝光。同时屋顶还会使狙击手受到天气的影响，削弱其在炎热、寒冷、雨雪天气下坚守岗位的能力。在大多数情况下，屋顶射击位置需要狙击手采用向下的角度射击，而在实际射击时为了最大可能命中目标，狙击手应当与目标大致位于同一平面。如果必须透过玻璃射击的话，处于同一平面就变得尤为重要。如果必须在屋顶设立狙击位置，许多小组都会使用大型的纸质电器包装箱，它们可以被喷绘伪装成屋顶的空调或供热管道，这种包装箱就可以作为位于开阔屋顶的藏身地点。

催泪瓦斯

虽然狙击手或观察员希望能够尽可能地接近目标，但在选择自己的位置时，他们也要考虑到使用催泪瓦斯的可能。如果使用了催泪瓦斯，是否会影响到他们的位置？是否需要使用防毒面具？

关于最佳城市藏身地点的提示

城市中最好的藏身地点通常是人质事件现场对面的办公建筑或公寓。在这种藏身点，狙击手应当打开同一墙面上的其他窗户，这样狙击位置就不会因为是唯一一间窗户打开的房间而凸显出来。射击位置应当在房间后部以免枪口被人看到。实际上如果能够适当偏离窗户更好。可以通过挪动家具搭建一个稳定的射击位置。许多狙击手会携带一些麻布条，可以将其钉在室内以便更好地对外界隐藏自己的位置。此外建议在枪口下方铺上一块湿布，以防射击后激起的尘土影响步枪上的光学器件。

确保安全

一旦进入位置，狙击手或观察员就必须时刻牢记：能够将对手暴露给自己的细节同样也能将自己暴露给对方。因此他们必须十分谨慎，不要因为灯光、噪音、运动、闪光、反光或色彩使自己暴露。对于那些在城市化程度较低的地区开展的行动，狙击手必须能够利用当地植物进行伪装、建立藏身地点。许多狙击手会配发能够帮助他们融入当地灌木植物的伪装服。步枪也要进行伪装，使其与地形融为一体。无论藏身地点在哪儿，狙击手和观察员都必须做好长期停留的准备。这意味着除了他们的其他装备以外，还要携带食物、饮水以及一个供他们小便的塑料瓶或放有海绵的塑料袋。

射击授权

一旦进入阵地，狙击手或观察员就要开始搜集和传送情报，同时也必须做好在必要时实施射击的准备。

许多小组使用颜色代码系统（colour-coded system）向狙击手发出击毙劫持者的授权

- 绿色通常意味着一旦寻获目标即可开火。如果劫持者已经杀害了一名或多名人质，或者有其他迹象表明该名嫌犯极度危险，狙击手通常就会收到"绿色信号"。

- 黄色命令意味着狙击手只有在需要保护生命的情况下才能开火。因此，如果狙击手发现劫持者即将处决人质或向警戒小组某位队员开枪，他就有权开火，但其他情况不得射击。

- 红色信号表明任何情况下均不得开火。

实施射击

在人质并未受到杀伤的绝大多数情况下，狙击手进入位置后将获得"黄色信号"。交火条件与命令下达时间应当由观察员记入日志。狙击手接受过实施射击的严格训练，能够在劫持者扣动扳机之前使其迅速丧失反抗能力。这要求精确命中一块极小的区域。如果从正面开火，那么通常射击眼睛与鼻子构成的三角区域。如果从身后开火，瞄准点为肩胛骨上方脑干的位置。从侧面开火，狙击手则应瞄准耳道。虽然大威力步枪发射的击中其他部位的多发子弹也可导致对方死亡，但是狙击手必须训练有素，能够确保"瞬间击毙"。

由狙击手发起的突入行动

狙击手常常会担负这样的射击任务，即自己首先开火，随即（突入小组）实施突入。这种类型的突入行动需要依靠狙击手在突入小组突击现场以前将一名劫持者清除。被清除的对象可能是控制某个突入点的哨兵，可能是即将杀害人质的嫌犯，也可能是击毙劫持者的头目以便在劫持者中制造混乱。在由狙击手发起的突入行动或两名狙击手同时向同一目标实施射击的情况下（如为了确保瞬间击毙或是透过玻璃射击时，这样第二发子弹将在第一发子弹打碎玻璃之后穿过），可以使用倒数计时法。在由狙击手发起的突入中，倒数计时法也可要求在数3时狙击手开火，数2时震荡手榴弹或爆炸式突入设备引爆，数1时开始突入。在使用两名狙击手对一名位于窗后的目标射击时，某些小组要求第一名狙击手在数2时开火，第二名狙击手在数1时开火。在倒数计时（例如10、9、8）开始前，让每名狙击手发出"准备就绪"的回复也是一种明智的做法，这样能够确保大家都已做好准备。许多小组也会重复"开火"命令以确保明确无误。实际上，这些小组的做法是只有在狙击手听到"开火！开火！"后才能实施射击。这是考虑到通信系统有可能会出现中断，狙击手也许只听到"开火"，而此时实际的信息却是"嫌犯要出来了，绝对不要开火"。

克服障碍

上文已经提到，狙击手需要意识到自己与目标之间的障碍物可能会造成问题，特别是窗户、栅栏，以及挡风玻璃。

窗户

在透过窗户射击时，有5项基本的规则：

1. 使用7.62毫米或更大口径的步枪，因为更重的子弹不易发生偏转。
2. 尽量采用接近90度的角度射击。
3. 尽量使用两名射手。
4. 尽量在对方靠近玻璃时射击，这样子弹偏转不会过大。
5. 尽量射击面积最大的区域（如射击身体而不是头部），这样轻微偏转不会十分严重。

如果劫持者位于轿车中，通常他会比较靠近玻璃，但是，不易破碎的安全玻璃上的"辐射状花纹"将使再次射击变得非常困难。如果劫持者位于校车、公共汽车或是火车上，他也许距离玻璃很远，这就增大了子弹偏转的可能。在透过非安全玻璃射击时，狙击手必须明白可能会出现"碎裂效应（spalling effect）"，锋利的玻璃碎片可能会被抛向屋内的人质和劫持者。但一般来说，如果狙击手受命开火，那么人质一定是处于来自劫持者的更大危险之中，（受到玻璃碎片）割伤的概率则是可以预计的风险。

栅栏

在透过链条连接的栅栏进行射击时，狙击手应当将枪口尽可能靠近栅栏，以降低子弹偏转的可能性；当然，如果劫持者直接站在栅栏后面，实际上是不可能发生偏转的。如果一名狙击手与目标处于同一平面，而另一名狙击手则从高处、从栅栏上方向下射击，那么这种情况战术上将非常有利。另一种战术是避免透过链条连接的栅栏射击。如果必须在目标的同一平面上射击，应当与透过玻璃射击的情况一样，使用多名狙击手，以90度角度射击；当目标最靠近栅栏时开火，并且瞄准面积最大的目标区域。

挡风玻璃

在透过挡风玻璃射击时，如果距离等于或小于100码，精度通常不会受到严重影响；如果狙击手位于目标的90度方向，则比较容易看到玻璃内的情况。

距离判定

微光条件

人质事件可能会以夜间展开的突入行动或是狙击手在夜间受命射击作为结束。缺少灯光会明显增大精确射击的难度；但训练有素的战术射手应当已经接受过在微光条件下射击的训练，并且掌握了某些特殊技能，使其能够在微光条件下有效工作。通过学习如何在夜间保持敏锐的视觉并进行搜索，他将更容易识别目标。通过观察潜在目标左边的一定角度，他也会发现目标在夜里变得更加清晰。狙击手还必须记住，夜间容易高估自己与光源之间的距离。通过利用位于不同距离的发光目标进行训练，狙击手可以更加准确地判定距离。如果需要在夜间射击的话，带有发光分划的望远镜也能提供很大帮助。

> 狙击专家约翰·普雷斯特在其著作《终极狙击手》中建议，在进行夜间狙击时，观察员或者两人最好都能配备一支装有高效夜视光学仪器的M16步枪。
>
> 最后，为了保护自己的夜间视力，在需要光源的时候，狙击手应当使用红光手电。

虽然夜间判定距离非常困难，但是有些技能会使这项任务在白天变得非常简单。例如，在美国城市环境下，城市街区常常具有标准长度。同样，两车道或四车道高速公路也是标准宽度。在明白这些标准距离后，距离判定将变得非常容易。也可使用袖珍型商用激光测距仪，它在判定距离方面极为有用。

"拇指规则"法

有些狙击手也使用所谓的"拇指规则"作为判定距离的方法。首先将手臂伸直，使拇指处于"竖起大拇指"的位置，然后狙击手将拇指边缘直接与目标重合。通过计算某人理论上从拇指一边走到另一边的步数，再将每一步大致规定为50码，即可粗略判定出距离。因此，如果对方只用两步就从手指这边走到了那边，那么距离大约为100码。

密位点系统

绝大多数战术步枪瞄准镜都具有距离判定的辅助功能。军队和警方狙击手广泛使用的密位点系统就是一个很好的例子。

> 最近一份由两名顶尖的美国狙击手训练人员进行的非正式调查表明，三分之一至二分之一的受训人员曾经学过作为这项最初由美国海军陆战队发明的技能。当然狙击手也会学习激光测距系统技术和其他复杂的判定距离的方式。但密位点仍是一项成熟的战术，其广泛应用或许部分归功于它不依赖任何电池之类的额外装备即可发挥作用。

密位点分划采用较粗的分划线，并将视野集中在沿各分划线向十字中心集中的一系列点上。如果从交叉点一个中心一个中心测量的话，每个点之间均为一个密位。在100码距离上，一个密位等于3.6英寸，在1000码上等于36英寸或一码。

要掌握下列简单公式：目标高度（码数）× 1000 ÷ 目标高度（密位）=距离（码数）。

例如，如果狙击手观察到劫持者，并将其头部纳入其十字线内，那么他可以假定头长约为9英寸或者1/4码。如果其头部在分划上占去了2个密位，那么可以使用下列计算得出距离：
1/4×1000÷2=125，所以结论是与劫持者头部的距离为125码。

通过练习，（人们）可以非常迅速地完成这一计算过程（见图4.1）。

图4.1 使用密位测距系统

注意，劫持者的头部正好处于两个密位点中点之间。因此，射程计算如下：目标高度（码，此处为1/4码）×1000/目标在密位上的高度（此处为2）。因此，结果为250/2=125码距离。

距离判定之后，狙击手必须考虑子弹弹道下降的问题。为了有效地完成这一任务，他需要一份所用弹药的射表（range table），以便快速找到应当对自己的瞄准镜调整多少刻度，通常以四分之一角分（角分英文简称MOA）或1/4英寸为单位的增加值。这样，如果在某一特定距离上子弹下落为9英寸，那么狙击手需要将瞄准镜的水平调高9个角分的刻度。

风偏修正

优秀的狙击手不但能够判定目标距离，还必须能够判断是否会有侧风影响子弹的飞行。

为了说明风偏修正的重要性，可以列出一个简单的数据：在300码距离上，每小时10英里的侧风会使168格令（重量单位，等于0.0648克——译者注）的0.308英寸（约为7.82毫米）口径的子弹偏离

7~8英寸，足以造成爆头——解决人质事件——或未中的区别！

为了估算侧风的影响，有经验的狙击手都有一些技巧。一种是观察自己身边的环境。如果风只是轻轻拂过脸颊，那么风速为每小时3~5英里；如果树叶不断摇摆，那么风速为每小时5~8英里；如果树叶或纸屑在地上被刮来刮去，风速为每小时8~12英里；如果小树在摇曳，风速为每小时12~15英里。

其他方法使用了基本的几何学。狙击手丢下一小片纸或草叶，观察其下落。然后指向它着地的地点。通过测量手臂与躯干之间的角度，将其除以4，即可估算出大致风偏。（见图4.2）

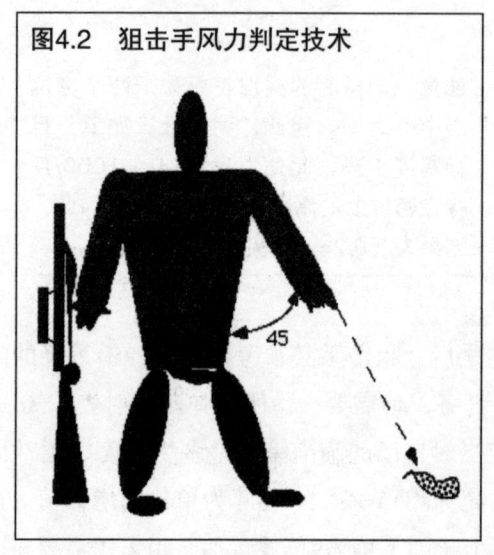

对于在城市环境下执行任务的狙击手而言，风是一个更为重要的问题，因为城市中不同高度的建筑会产生气流，影响子弹的飞行。绝大多数狙击手都有迅速评估现场战术数据、调整瞄准镜风偏和水平的方法。有些使用粘在枪托上的塑料卡片，有些则是用固定在瞄准镜上的小型设备，能够迅速测算射击诸元。

狙击手的装备

为了应付风力和更远距离的影响，一些反恐狙击手装备使用重磅子弹的步枪。许多人选择了7.62毫米的温彻斯特·马格纳姆子弹，该弹药采用了200格令的联邦艇尾型软弹头（BTSP），具有极好的弹道效率系数和平直的弹道。有些单位比较常见的还有7.7毫米拉普瓦子弹（Lapua round），诸如特种空勤团、三角洲部队和海豹第6小队（即"美国海军反恐部队"——译者注）甚至拥有使用12.7毫米勃朗宁机枪子弹的狙击步枪，使得他们能够在一英里以外打击目标。

虽然这些武器主要用于打击诸如雷达站、通信中心之类的物体，但在熟练的使用者手中，12.7毫米狙击步枪也可以击中1000码甚至更远处的劫持者。

无论选择何种步枪——当然最多的还是某支高质量的7.62毫米步枪——每位狙击手都应当拥有自己的步枪，这样他就能熟悉它的缺点和扳机引力。精确的狙击步枪必须装在盒中运输，以保护步枪和光学设备。狙击手也有可能在面临巨大压力、无法现场测试其瞄准镜准确性的情况下而不得不进行"冷枪"射击。因此防止狙击步枪受到可能影响光学设备的损伤尤为重要。鹰工业公司（Eagle Industries）在其狙击手衬垫中提供了一件有用的产品：一个用于狙击步枪的装有厚厚衬垫的提箱，在打开之后可以用作狙击手卧姿射击的衬垫。有些狙击手使用硬质提箱携带自己的步枪，以便获得更好的保护。

在人质事件中，狙击手要承担多种职责。他不但要向人质营救小组的其他成员提供及时、重要的情报，还有可能需要用准确的一枪结束人质事件、拯救生命。虽然人质营救部队希望能够在无人死亡的情况下结束事件，但如果需要消灭劫持者以拯救人质或发动突击的人员的生命，那么狙击手最有可能以外科手术式的方法结束人质事件。

在当时的环境下，即使面临着想要拒绝开枪或是承认自己没有信心开枪的（心理）压力，狙击手也必须服从开火命令。

最出色的人质营救小组中的狙击手通过了严格的选拔和训练，并因其独一无二的技能而受到其他队员的尊敬。但是他们还有他们的部队指挥官必须记住，所有训练都是为了那恰到好处的一秒、那一次呼吸和那一次扣动扳机！

5

人质事件与持械拒捕事件的突入与肃清技巧

虽然涉及持械对象的事件与人质事件有许多共同之处，但实际上，许多机构都使用"持械嫌犯"这一术语概括那些嫌犯与一名人质位于某栋建筑或其他场所内的案例，为了讨论的需要，本书用"持械嫌犯"指代一名占据某个地点，对自己或他人造成威胁的武装恐怖分子、罪犯或精神障碍者。

> **实例**
>
> 在最危险的持械对象（barricaded subjects）中，有些类似于20世纪60年代"得克萨斯塔楼"狙击手，此人爬上得克萨斯大学校内一栋建筑的屋顶，随后开始随意枪杀民众。发生在得克萨斯州维科市的大卫教派住地的充满争议的僵持与突袭也可以视作某种形式的嫌犯持械拒捕事件（barricade situation），虽然最后联邦调查局采用了在他们突击大卫教派时，"住地内的儿童实际上是人质"的说法（见附录1）。嫌犯持械拒捕事件也可能发生在对方已经杀死或杀伤某人的情况下。

定义持械拒捕事件

无论是嫌犯在杀害一名执法官员后逃入一处住宅或其他建筑，或是发疯的丈夫杀死与自己疏远的妻子并且拒绝向当局投降，二者都有很多相同的因素：持有武器并且已经证明自己具有杀人意愿的嫌犯藏匿在一幢建筑中，并且不愿投降。或许当局最担心的一种嫌犯持械拒捕事件就是，一群恐怖分子占领了某些重要设施——核电厂或生物战研究中心等。如果一群恐怖分子占领了一处国家纪念设施或象征性建筑（例如华盛顿纪念碑或埃菲尔铁塔）并且安放了炸弹，那么也会出现嫌犯持械拒捕的情况。

"通过谈判"说服持械对象"投降"

在绝大多数嫌犯持械拒捕的情况下，人质谈判专家会试图说服嫌犯投降，这与人质事件基本相同，只是由于不存在人质因素因此对谈判专家而言也不存在相应的压力。但另一方面，在嫌犯持械的情况下，谈判专家必须努力降低（对方）那种将当局视为威胁的认识。这一点可以通过使用低于人质事件所用水平的遏制措施而得以实现，因为在人质事件中必须传递这样一种信息，即如果人质受到伤害，现场有能力采取武力措施。谈判专家必须显示出耐心，甚至在对方拒绝交谈的时候也要继续对话。他也应当试着为持械对象提供非暴力的解决办法。

> **实例**
> 某些参加维科市大卫教派围困事件的谈判专家认为，联邦调查局人质营救小组（HRT）采取了许多促使局势恶化而非好转的行动。造成这种情况的部分原因是某些人将事件看作人质事件，因为据说住地中有一些受到性虐待的儿童，但其他人则将这一问题看作一起嫌犯持械拒捕事件。

实际上，一旦人质事件中的人质被释放，而劫持者拒绝投降，那么就很有可能演变成某些持械拒捕事件。在这种事件中，谈判专家的重点是如何在不使对方或任何遏制或突入队员丧生的情况下结束包围。由于不存在人质，因此除非对方持有爆炸物或开始向警方或旁观者开枪，否则狙击手通常不会得到允许开火的绿色信号。

> **实例**
> 此类案例包括一名"持械拒捕"的嫌犯，他爬上横跨密苏里河的一座桥梁的某个位置，开始向驶近桥梁的汽车射击。在类似于这种主要交通干线被阻断的情况下，如果对方没有在相对较短的时间内投降，狙击手很可能得到允许开火清除威胁的命令。

保护无辜者

谈判专家和其他人质营救人员也无法确定一起似乎是嫌犯持械拒捕的情况一定不是一起劫持人质事件。也许会有一名当局并不知晓的人质。在"随意开枪者"所处的大型建筑中，也许会有无辜的居民或工人被困，虽然从严格意义上讲他们并非人质，但他们仍然面临枪手的威胁，特别是枪手开始在建筑内走动的情况下。因此在制订嫌犯持械拒捕情况下的突入计划时，特种武器与战术小组人员必须建立这样的假设：他们在现场运动的时候随时可能遇到无辜民众。在英国，对于嫌犯持械拒捕的情况极少采用"搜索接敌"的做法，而是更多使用协商谈判的方法。但是，美国此类事件中遇到武装嫌犯甚至"主动型枪手"的可能性则要求采取更有对抗性的方法。

"借警察之手自杀"

至少某些嫌犯持械拒捕的情况属于我们现在所说的"借警察之手自杀"。有些精神障碍者会故意激化某次人质事件或持械拒捕事件，其目的就是希望警方将其击毙。虽然这些人也许只求一死，但他们对警员、人质或旁观者仍有可能极度危险，因为他们为了迫使当局对自己采取行动，可能会威胁甚至真的射杀他人。通常，挽救这种人的生命的最好办法是通过专业的谈判专家说服对方，使他相信自己的生命仍有价值。应当采取一切合理的措施制止和消除对方结束自己生命的企图，但是，一旦他威胁到特种武器与战术小组或他人的安全，就有可能真的得偿所愿。特种武器与战术小组的主要任务是确保他不会拉上别人垫背。

如果特种武器与战术小组人员十分确定在控制持械嫌犯的现场中没有无辜的旁观者或人质，那么肃清现场而不危及他人就是一种可取的做法。

对付没有人质的建筑

警犬

许多特种武器与战术小组或者本身就是拥有警犬部队,或者是与警犬部队合作密切。由于不存在犬类无法区分人质与劫持者的问题——虽然绝大多数警犬都接受过攻击持有武器的对象的训练——派出训练有素的警犬肃清建筑是一项可行的战术选择。事实上,由于特种武器与战术小组的警犬经常被用于搜索建筑物中的武装嫌犯,因此现在警犬或军犬已经广泛使用了防弹衣。

特种武器与战术小组的警犬接受过在某种程度上与标准警犬不同的特殊训练。例如,它们必须能够匍匐通过很长距离以进入建筑之中,也必须能够对手势和声响信号做出反应,并且能够适应闪光、声响等干扰装置。

特种武器与战术小组的警犬通常还要接受更多的障碍训练,特别是善于根据气味追踪。由于它们很有可能需要对付武装嫌犯,并且要为突入小组留下跟上自己的时间,因此特种武器与战术小组的警犬接受的训练是要对嫌犯凶猛地多次撕咬(这与一般警犬采用的"咬紧并保持"的做法相反)。虽然在人质营救中的作用极为有限,但训练有素的特种武器与战术小组的警犬在处置持械拒捕嫌犯时能够发挥重要作用。但不幸的是,由于嫌犯可能装备精良,因此对特种武器与战术小组警犬而言可能非常危险。

如果做出使用警犬肃清现场的决定,那么就有多种战术可供选择。由于即使是受过最好训练的警犬也无法打开大门,因此最有可能的情况是,训导员将警犬送入建筑,对某个特定区域进行搜索(如入口处的门厅)。一旦警犬返回,表明没有任何发现,突入小组就会跟上进行再次检查。然后警犬会被送入下一个区域进行肃清。为了使这种战术发挥最大效能,警犬小组应当与特种武器与战术小组开展过联合训练,警犬也应当熟悉实施行动的特种武器与战术小组的成员和战术。

催泪瓦斯

在对付并未劫持人质的持械拒捕者时广泛使用的另一种战术是利用化学物质（催泪瓦斯）。通常，这些化学物质将被用于喷洒某个密闭空间，从而迫使对方走出。化学物质可以以多种形式使用。最为有效的一般是能够产生含有上述物质烟雾的烟火燃烧装置。但这些装置极有可能造成火灾，破坏使用它们的场所。不过有些特种武器与战术小组研制了用于烟火装置的特制容器，从而大大降低了使用时引发火灾的危险。化学物质也可利用爆炸式撒布装置以粉末、液体、气溶胶形式以及利用发烟装置制造的尘、雾形式使用。投射化学物质的一种常用方法是利用瓦斯枪或加挂在M16步枪枪管下面的榴弹发射器发射37毫米法瑞特（Ferret）弹药。这种弹药能够携带16克液态化学物质，可以直接透过玻璃射入现场。相比之下，一个烟火燃烧装置通常装有75克化学物质，几乎是法瑞特弹药的5倍。

目前有3种化学物质（常被统称为"催泪瓦斯"）可以用于控制骚乱或嫌犯持械拒捕事件的处置：

- CN（氯苯乙酮chloroacetophenone）。通常其弹体标记为红色，使用剂量较小。氯苯乙酮具有苹果花香。起效迅速，能够在1~3秒内影响泪腺导致流泪。其效果包括无法睁眼、多泪、咳嗽、喷嚏、流涕以及皮肤出现瘙痒或烧灼感，也可造成开放性创伤。氯苯乙酮的作用通常持续30~45分钟。

- CS（邻氯苄叉缩丙二腈orthochlorobenzalmalononitrile）。通常弹体标记为蓝色，绝大多数特种武器与战术小组（SWAT）已经用邻氯苄叉缩丙二腈取代了氯苯乙酮。邻氯苄叉缩丙二腈相对起效较快，能够在3~7秒内迅速影响呼吸系统和泪腺。其效果包括无法睁眼，大约10分钟后皮肤出现刺痛和烧灼感、流涕、呼吸困难及肺部烧灼感。

- OC（辣椒油树脂Oleoresin Capsicum）。虽然CN与CS的颜色代码是国际通用的，但OC（辣椒油树脂）却没有标准的国际颜色标记，即使其弹体通常被标为橙色。其效果包括无法睁眼、身体暴露位置出现烧灼感、咳嗽与干呕、呼吸困难以及皮肤接触处出现烧灼感。

有许多变数会影响到化学物质的效果。某些个体对各种化学物质具有很高的耐受度，特别是在这些人吸毒或者酗酒的情况下。而另一方面，长时间接触高浓度化学物质有可能导致某些个体死亡，特别是那些患有呼吸系统疾病的人。使用催泪瓦斯的部队可以利用某些公式对于充满某一立体空间所需气体的数量和发生效果的时间进行计算。同时人们已经开展了研究，用以确定发生致命接触的可能性处于何种程度。数据表明，CN的致死剂量为失能剂量的175倍。CS的致死剂量则为失能剂量的1250倍。显然，CS的具有更大的安全性，这也是绝大多数特种武器与战术小组用CS替换CN的原因之一。

催泪瓦斯已经被证实在迫使嫌犯离开某处建筑时非常有效。但是必须记住，有些嫌犯会采取措施防范催泪瓦斯的影响，有些人会俯卧在地板上，有些则会使用多余的防毒面具或呼吸器。不止一位警员在试图肃清已经使用了化学物质的建筑时被对方杀害。因此，突入小组应当佩戴防毒面具进行大量训练，以便体会自己视野的限制。还应当拟制佩戴防毒面具和在烟雾或催泪瓦斯充满房间情况下的射击想定，以便人员能够在充满催泪瓦斯的房间里从容行动。一旦使用化学物质，警戒人员和狙击手也应得到提醒，因为某些嫌犯会选择杀出重围。

具有核生化背景的持械拒捕事件

某些持械拒捕事件可能会包括核生化威胁。因此，此类事件就成为终极人质事件，因为整座城市实际上都变成了人质。在美国，最终是由联邦调查局和来自能源部及其他机构的专业人员负责处理此类危机，但最后可能还是要由特种武器与战术小组的人员负责处置具有核生化背景的持械拒捕事件。

核生化的控制（NBC containment）

反恐及特种武器与战术小组人员需要了解有毒物质的控制与封堵程序（containment and confinement）。一般来说，与消防员进行联合训练有助于培养联合反应能力。最先处置此类情况的反恐人员所要采取的一个重要步骤是，确定他们面临的"下风"危害的程度，以便及时发布疏散命令。另外一个必要步骤是，在处理可能涉及有毒物质的恐怖主义事件时，建立比平时大得多的警戒线。

有毒物质环境

一些城市特种武器与战术小组——包括纽约应急部队在内——都已接受过身着MOPP（任务专用型防护服）开展行动的训练。在涉及有毒物质特别是生物物质的情况下，反恐及特种武器与战术小组的部分任务就是防止任何人离开可能受到沾染的区域。因此，各个小组均应对身着MOPP时的遏制技术进行演练。绝大多数战术小组发现，为了实现上述目标，价格相对低廉的A级或B级一次性服装显然要比供化学战研究人员或疾病控制中心专家使用的价格昂贵的防护服更好。当然也有可能在涉及有毒物质的持械拒捕事件中特种武器与战术小组人员主要关注的是应对来自恐怖分子或精神病人的威胁，而专业人士将负责处理有关物质。但是，对于在有毒物质环境下使用枪支应当给予一定注意。采用能够显著降低枪口焰的湿式消声器的冲锋枪就是一种不错的选择。在有毒物质环境下射击也必须十分谨慎，因为乱飞的子弹可能会使容器破裂，增大污染的可能性。在涉及可能致死的生物物质时，任何有过接触的人员均不得离开限制区域。因此，狙击手可能会接到一个含义广泛的"绿色信号"，击毙任何拒绝待在限制区域内的人员。隶属于类似核电厂之类敏感设施的特种武器与战术小组应当接受过处理辖区范围内事件的专门训练。这样，他们就会清楚现场哪个部分最为敏感，最有可能发生危险的地点的位置。他们也明白如何实施突入行动以便将侵入者限制在最重要的部位之外。他们更要懂得，为了防止发生可能会对千百万人造成危害的事件，他们可以采取极其严厉的措施以阻止侵入者。

> 下一章将有更多关于如何突入特殊场所的讨论。

突入

无论是人质事件还是在持械拒捕事件实施的突入行动，突入小组的基本组织与战术是相同的。突入小组通常采取4人或5人的组织形式。下面描述的组织结构基于5人制形式（见图5.1与5.2）。

1. **前锋队员**。前锋通常配备手枪，这样可以腾出另一只手使用镜子或特种武器与战术小组摄像机观察角落情况，打开房门或是投掷震荡手榴弹。前锋通常被指定为"主要射手"，这意味着进门之后将由他负责攻击遇到的第一个威胁。

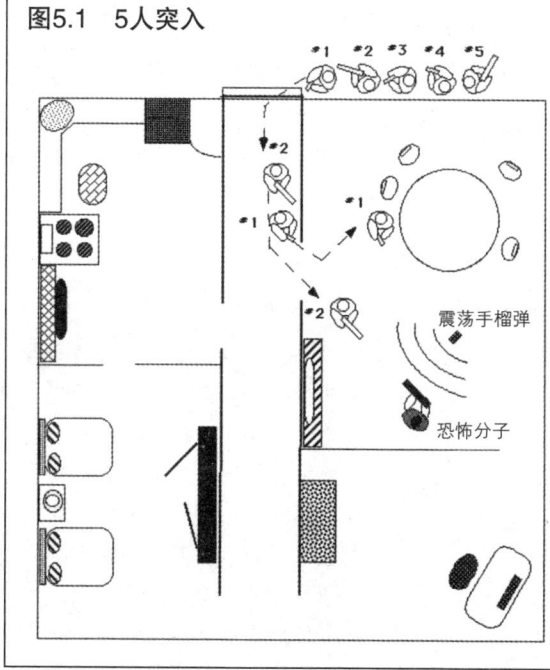

图5.1　5人突入

在这幅5人突入示意图中，1号与2号队员采用十字交叉突入法（cross-button entry）带头进入第一个房间。其他队员肃清他们身后的门廊，首先进入房间的1号队员可能已经与武装恐怖分子交火，2号队员为冲锋枪手，在必要的情况下提供火力支援。

图5.2 对含有多个房间的场所进行的5人突入

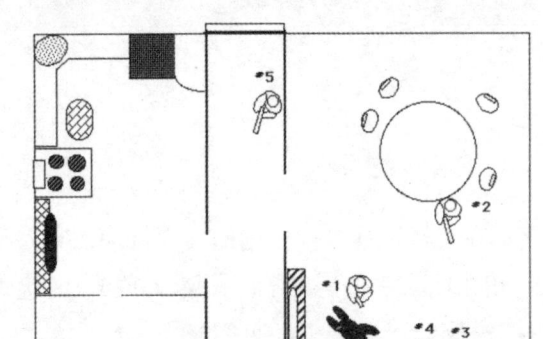

第一个房间实现安全后，3号队员与4号队员将进入下一个房间，而1号和2号队员负责处置被击倒的嫌犯并肃清第一个房间。突入小组5号队员通过掩护门厅和房间出口提供安全保证。

2. **肃清队员**。肃清队员是第二个进门的人，通常配备冲锋枪，负责攻击突入过程中遇到的其他目标。前锋队员和2号肃清队员必须对突入方法和划分室内射击范围的技巧进行演练，以免出现交叉火力（见图5.3）。

图5.3 房间突入时的射击安全弧线
（safe arcs of fire during room entries）

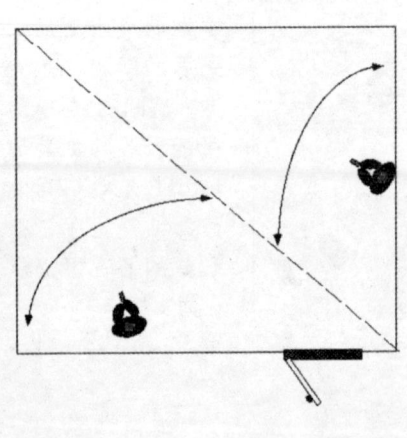

在实施两人房间突入时，小组队员应当在脑海中将房间分为两半，限制自己的射击弧线，以免击中同伴。这条规则的唯一例外是，如果一名突入队员发现在同伴的火力弧线内突然出现一个直接威胁，负责这一区域的同伴似乎没有发觉，而自己有信心击中目标而不会危及同伴。一个例子就是只有房间另一边的突入队员才能看见躲在壁橱中的武装嫌犯的情况。

3. **队长**。队长可以配备手枪或冲锋枪，负责担任第二射手，处理前两名进门队员未能消灭的威胁。他的位置使他能够根据突入过程中遇到的情况快速做出决定或是马上改变战术。他也会协助制服和控制突入过程中遭遇的嫌犯以便前两名队员能够通过门厅进入下一房间。

4. **肃清队员**。在很多小组中，第四名队员配备霰弹枪，负责使用特殊霰弹枪打掉门锁或铰链。他也是第二射手，不过，除非他的霰弹枪经过专门的收口处理（specially choked），能够命中劫持者的头部，否则，如果需要在人质附近射击的话，他通常会将霰弹枪收起改为使用手枪。他同时也是"接手"队员（take-up man），负责协助对付遭遇的嫌犯。

5. **后卫队员**。许多小组都会使用后卫队员用破门槌或其他突入装置打开房门，随后他会将其丢弃，转为负责确保突入人员的后方安全，或是在必要的情况下提供协助。

如果在突入过程中遭遇嫌犯，后续小组可以通过第一组人员肃清完毕的房间继续前进，也可肃清所有嫌犯以便第一小组继续快速对其他房间进行肃清。如果没有遭遇嫌犯，第一小组应当迅速肃清其他房间。进行一些简单但清晰的无线电训练非常有利于避免在房间肃清行动中产生误解。比如，前锋队员已经肃清了一个房间，正在前往下一房间时可以发出"肃清完毕，继续前进！"的口令。或者，如果领头的两名队员已经肃清了第一个房间但正在处置嫌犯，命令后面队员前往下一房间的口令则可以是"肃清完毕，肃清完毕，行动！"，如果现场存在人质，一旦突入行动开始，那么各个小组——通常会由多个位置突入屋内——必须尽快肃清整座建筑，以尽最大可能拯救人质。

通常，突入小组会按照下列顺序消除恐怖分子或劫持者造成的威胁：

1. 突入小组面临的直接威胁

2. 人质面临的直接威胁

3. 试图逃脱

4. 投降

然而，许多突入小组可能会有意识地首先处理人质问题而不是自身所面临的威胁，因为自己穿有防弹衣或者相信小组中的其他队员会处置那个威胁。但标准的观点是，如果一名警员被击中，他将无法继续执行营救工作，因此应当首先消除突入小组面临的威胁。由于训练有素的小组成员能够在投出震荡手榴弹后迅速突入，因此小组和人质面临的威胁通常能够几乎同时被消除。在劫持者和人质都被"接手队员"控制后，他们应当检查武器、爆炸物和伤情。如果出现严重的伤情，配属给该部的后续医疗急救小组（EMT）或医生将进入肃清后的区域救治伤员。

> 在诸如特种空勤团或三角洲部队等其成员接受过严格的战地医护训练的部队中，提供医疗救护的人员也将配备武器，必要时能够保护自己或病人。至少在一支美国主要的特种武器与战术小组里，有一名正式成员是曾经做过特种部队医务兵的医生。任何小组都要事先做好计划，以应对在火力打击下撤出一名受伤队员的可能。突击开始之前，德国边境警卫反恐部队（GSG-9）甚至会在每位突入小组队员的手臂上提前扎入并粘好一枚四号针头，以便在其中枪的情况下提高治疗速度。

如果有迹象表明可能存在爆炸物，那么排爆专家也可在某个区域或整个现场肃清之后作为后续人员进入。

如果认为必须实施突入行动，那么必须牢记突入行动造成人质或营救人员受伤的可能性很高。这就是为什么在可能的情况下，最好通过谈判或狙击解决持械拒捕事件或人质事件，而不是通过发动突击的方式。

如果确实需要实施突入行动,那么可以有两种突入方式:

- 隐蔽突入或潜入(stealth or penetration)
- 强行突入或突破(dynamic or breach)

隐蔽突入或潜入

隐蔽突入或潜入旨在使小组成员能够在对方发觉之前尽量接近劫持者或嫌犯。因此,突入小组会使用隐蔽移动的方式,以最大限度地保证隐秘与掩护,充分利用现有情报在嫌犯无法看到的位置突入,尽量保持肃静,使用手语进行交流,避免走路发出吱吱的声响或其他暴露迹象。通常,如果突入小组按照行动的命令要求实施行动效果最好。要注意的是小组成员一定要避免无意中按压枪挂的灯具或激光仪的开关,因为在某些情况下这些设备使用的是压力开关。特种武器与战术小组摄像机视频系统包括一台安装在伸缩杆顶端的摄像机和一块显示屏,这种系统常常会在接近过程中穿过建筑时使用。前锋队员也可用一块安装在折叠式伸缩杆上的检查镜实现同样目的。

隐蔽突入或潜入的形式之一是突入小组成员扮成送货员或维修工实施渗透。在所有隐蔽突入或渗透突入中,小组都必须随时做好在接敌过程暴露后特别是在有人质的情况下实施"强行突入"的准备。在很多案例中,第二突入小组需要做好实施爆破式或突破式突入的准备。如果只能从一个位置进入,那么必须事先计划好第二突入点,防止第一突入点出现问题。

强行突入或突破

在强行突入或突破式突入中,目标是尽快进入现场,在嫌犯做出反应之前震慑和迷惑对方。虽然队员们不应该快速跑动,但速度是强行突入最重要的要求,因此常常需要使用爆炸物在墙上开辟入口或是炸掉屋门。破门槌、多用撬棍、玻璃破碎机,或是发射用于打掉门锁或铰链的弹药的霰弹枪等装备可能是这类突入行动的重要组成部分。

> 下面一章将对隐蔽突入和强行突入进行更为详细的讨论。

牵制

无论是哪种突入方式都会采取牵制措施。谈判专家可以通过与嫌犯或劫持者持续进行电话交谈的方式发挥牵制作用,如同在"王子门"事件中特种空勤团所做的那样,或是在突入行动开始前使电话铃声响起,将对方诱至某个已知位置。在由狙击手发起的突入行动中,狙击手可能会向被认为最危险的嫌犯开枪,从而利用枪声和嫌犯倒地制造混乱。狙击手也可以打掉灯光或电视以分散对方的注意力。直升机也常被用来分散注意力以及掩盖突入小组进入门、窗外的最后位置时发出的声响。另一种经常使用的牵制手段是由远及近的救护车或其他应急车辆的警笛声。

> **实例** 在意大利人从红色旅手中营救多齐尔将军的过程中,关押他的那栋建筑对面的道路工地既是一种牵制,也掩盖了突入小组接近的过程(见附录1)。

谈判专家在嫌犯的要求面前做出让步,以便诱使他在警方车辆驶离现场的时候将注意力移至某扇窗户。与牵制接近的情况是,谈判专家将一些可能使对方察觉突入行动即将发生的迹象搪塞过去。例如,他会说"过一会儿,你可能会听到类似链锯的声音。因为我们有个人被困在车里了,我们得把他弄出来"。而实际上这种声音是突入小组切割安全门的声音。牵制的类型仅仅受到人质营救小组的创造力和事件发生环境的限制。

陷阱

在突入过程中，警员们必须意识到有可能会有陷阱。虽然突入小组遭遇陷阱的情况大多发生在针对毒贩或秘密毒品实验室的高风险行动中，但现场仍有可能设有陷阱，特别是在持械拒捕嫌犯早有预谋对抗当局的情况下。

目前发现的各种陷阱类型包括：

- 固定的枪支（通常为使用拌绳击发的霰弹枪）
- 简易爆炸装置
- 抽掉楼梯踏板
- 能使警员从某个楼层摔下一至两层的翻板
- 在眼部高度拉上绳索，上面再挂上鱼钩
- 门上放置重物

由于采取低姿、谨慎的运动姿势，实施隐蔽突入或渗透突入的突入小组很有可能发现陷阱。如果在人质营救行动中遇到爆炸性陷阱，需要对其做出标记以提醒后续小组绕过，直到爆炸物处理人员对其进行处理。

> 至少应有一个小组携带卡车使用的明亮的可粘贴反射式标记牌，可标明爆炸物的所在，做出陷阱警告标示。

遭遇室内障碍的可能性也必须考虑在内，因为曾经出现过劫持者和持械拒捕的嫌犯移动家具、堵住屋门或是其他位置从而对进入室内造成很大困难的情况。

另外还有一些突入小组应当遵循的基本规则，它们绝大多数来自常识或是实际经验。例如，小组成员应当避免在门窗处暴露身形。在向门口移动时，他们应当明白自己的影子也许在门下即可看到。当劫持者或对方处于某个没有屋门的房间时，经验表明最好通过窗户突入，或是同时由门窗突入。壁橱可能特别危险，因为许多嫌犯选择藏身于此。在肃清壁橱时，突入人员通常指定一名队员瞄准壁橱，其他队员则突然打开壁橱门。

在肃清大型建筑，如办公楼或学校时，许多突入小组会使用某种类型的楔子、绳索或是锁具将已经被认为安全的房门锁住。在移动时，突入小组应当明白，除非是受过高度训练的对手，否则人们通常要用4~5秒才能完成对目标的寻获和射击。因此，突入小组成员在各个隐蔽处或掩护点之间进行移动时，应尽量使暴露时间不超过3秒。

突入小组也要明白，在实施突入和肃清房间的时候，最好能够避开角落，因为这些地方更容易遭到敌方火力的打击。如果进行的是多点突入，那么一定要小心防止有人称为"己方误伤"的牺牲品。如果突入行动在建筑的不同楼层进行，通常某个小组不应进入另一小组瞄准的楼层，以免被误伤。

> 作为一种避免"己方误伤"的辅助措施，可以安排全体队员穿着标有显著识别标记（联邦调查局、警察等）的统一的防弹背心或制服。同时佩戴防毒面具或巴拉克拉瓦帽（balaclava）以及黑色制服也会在一定程度上造成劫持者的畏惧，使他们在采取行动前产生一两秒钟的犹豫。

隐藏的嫌犯

尤其是在嫌犯持械拒捕的情况下，可能会有某些嫌犯向建筑上层移动，甚至常常躲在阁楼中。因此，突入小组在搜索建筑时，必须意识到有可能受到来自上方的威胁。如果对方在建筑中的位置不详，缺乏关于其行为或运动的情报，那么最好要设想到在最坏的情况下该怎么办。

- 除非完全确定对方没有武器，否则应当假定其持有武器。
- 假定其十分危险，将试图杀害突入小组队员。
- 如果其武器类型不详，应当假定其持有可以击穿防弹背心和防护盾牌的大威力步枪。
- 如果其位置不详，假定其位于现场最恶劣、最难受的位置。

宣布现场安全

一旦现场清理完毕，在宣布完全安全以前，部队指挥官通常会通过无线电让每名小组成员报告关于自己或视线内其他队员、人质与劫持者或嫌犯的数据。这样他就能发现需要医疗救助的人及其伤势情况。如果在其主管范围内存在爆炸物或陷阱，他也会做出报告。在突入小组解除戒备状态之前可能还会进行一次最后清理，以便更加全面地搜寻可能的藏身地点。

关于突入与房间肃清的训练

人质营救小组会不断进行突入与房间肃清训练。为了能够使场景更加真实，某些部队如特种空勤团和联邦调查局人质营救小组甚至曾经使用真人和真枪实弹进行训练。但为了降低意外伤亡的可能，这些部队现在开始使用复杂的视频设备，将人质和劫持者投影在靶场上。许多部队也使用轮胎建筑用来进行实弹演练。甚至有些更为复杂的训练设施采用了能够吸收子弹的外覆橡胶的水泥。

突入小组的射击训练应当包括：

- 包含近距离射击的情况想定（如：1～15码距离）

- 各种光照类型
- 狭小空间
- 多个目标
- "射击"与"禁止射击"（人质）的目标组合，以及
- 烟雾与噪音

至少一部分射击练习应当在穿戴全套战术装备与防毒面具的情况下进行。训练也可使用漆弹枪进行。仿真弹药（充有颜料的子弹）或激光武器能够营造与目标交火的逼真场面，因为目标可以进行"还击"。各小组也经常在学校、法院和办公建筑之类他们有可能需要真的实施营救行动的场所进行训练。

防弹盾牌

在训练过程中，突入小组会对某种基本的房间突入方式和清除行动进行反复演练，直到自己极为迅速、熟练为止。许多小组会为前锋队员配备"防护盾牌"即防弹盾牌，以便为刚刚进入建筑或者上楼时遭到突然射击提供额外的防护。但在后一种情况下，使用防弹盾牌的警员极易受到来自上方的攻击。记住这一点尤为重要。4级防护水平的盾牌能够抵御一发7.62毫米子弹的打击，从而为突入小组提供显著优势。使用防弹盾牌的观察口需要进行练习，有效使用盾牌需要进行更多的练习，因此一定要使用盾牌进行训练。在需要营救一名受伤队员或是掩护受伤人质的情况下，防弹盾牌也具有重要价值。

许多小组已经形成了使用防弹盾牌的特殊训练方式。比如，在沿着一条两边均有可能出现威胁的门廊前进时，两名队员可将其盾牌排列成V型，左侧队员右手持枪，右边队员则左手持枪。在威胁集中在同一方向的区域内前进时，盾牌可以排列成L型。在威胁来自上方的场合，可以将盾牌采取"龟壳"型排列，一面盾牌在前，另一面则举在头顶。但是，上述任何一种包含两名或更多持盾队员的行动技巧都需要一定的练习和协同，这样才能使持盾队员步调一致、

行动顺畅。

精心设计的突入动作

但在需要肃清单个房间时，盾牌会阻碍行动。钮钩（buttonhook）、十字扣（cross-button）、高低交叉（十字形交叉）（high/low crossover, crisscross）之类经过精心设计的两人突入动作有助于队员们迅速控制房间，消灭遭遇的任何威胁（见图5.4、5.5和5.6）。值得注意的一点是，根据特种武器与战术小组（SWAT）队员进行的计时实验，上述突入动作中，"钮钩"动作能够使两名队员以最快的速度通过门厅，进入射击位置。

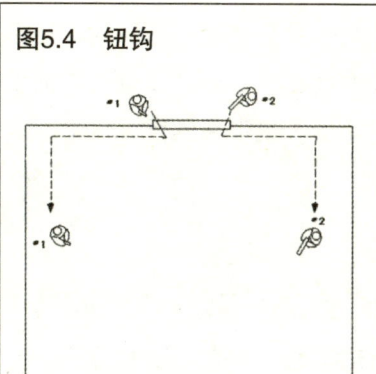

图5.4 钮钩

钮钩法是一项能够实现突入人员在门厅暴露时间最短的快速技能。

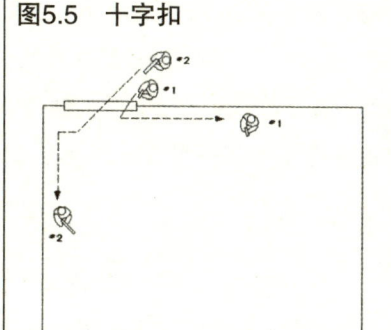

图5.5 十字扣

在屋门靠近某面墙壁、因此两名突入队员必须从同一侧开始的情况下，十字扣战术极为有效。但是，这一方法的速度相对较慢。

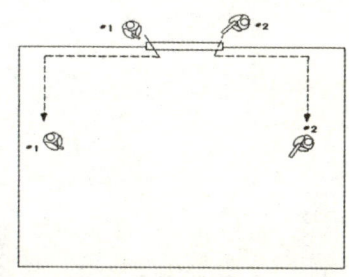

图5.6 高/低交叉（十字形交叉）

交叉法的长处在于每名突入队员首先就可看到房内自己将要进入的位置。一旦进入房内，队员就要继续前进至自己的位置，控制自己的责任区域。为了能够有效行动，交叉法必须经常练习，使两名队员达到协作默契而不是撞到对方。

使用战术灯具

由于电源常常会在突入开始前切断，队员们通常会使用加挂在手枪或冲锋枪上的神火式战术灯（Sure-Fire）。有些小组也会采用枪挂式激光瞄准装置以便迅速搜索目标。但上述任何一种目标搜索设备都需要在真实的想定场景下进行认真训练，这样才能更为有效地使用。比如激光瞄准具在充满烟雾或瓦斯的室内未必有效。另一方面，在光线昏暗——如佩戴防毒面具——的情况下，装在枪管下方的战术灯就会非常有用。

虽然每位成员——谈判专家、情报分析人员、狙击手和突入小组队员——都是至关重要的，但在其他办法均已失败和短短几秒可能意味着人质生死的情况下，实施顺利、致命突击的任务通常还是要由突入小组完成。在嫌犯持械拒捕的情况下，也许没有人质的生命受到威胁，但突入小组仍然面临着持械嫌犯带来的巨大危险，因为他可能很想多拉几个人一起去死。

当无线电中传来"行动！行动！行动！"的命令，突入小组在投出震荡手榴弹后突入房间，整个行动就只能完全依靠他们的训练、团队精神以及精确的枪法了。当一支突入小组能够完全依靠自身实力的时候，他们才是真正的"身着黑衣的正义使者！"

6

武器与装备

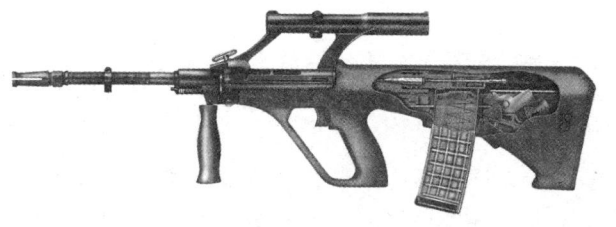

虽然世界上许多人质营救部队都从军方或警方的仓库中选择自己的基本装备,但他们还是会有一些专门为自身任务设计的装备。本章将对人质营救部队使用最为普遍的武器装备以及它们的战术使用方式进行概述。

枪支

警用或军用武器都必须具有较高的可靠性，能够迅速制止敌人的敌对行为。这两种特征对于人质营救部队使用的武器也是非常重要的。人质营救小组选择的武器还必须能够进行精确射击，因为为了击毙劫持者也许要向距离人质只有几英寸的地方射击。如果人质营救小组使用的武器能够加装战术灯、激光或其他瞄准装置则更好，这样便于射手在光线不足、使用瓦斯或者射击条件恶劣的情况

右图：以色列总参谋部侦搜队的行动人员在1972年5月9日的一次人质救援行动后，护送被营救的人质。（本书74页至112页之间的所有图片均来源于Portico的授权）

SAS在伦敦成功实施了对位于"王子门"的伊朗大使馆劫持人质的恐怖分子的突击行动，图中为行动人员的全部装备。

下实施行动。人质营救使用的武器也必须装有良好的保险系统,因为在突入过程中,这些"需要经常开火"的武器通常会处于友邻队员很近的位置。但即使处于保险状态,武器也必须能够在需要时迅速射击目标。为了便于讨论不同枪支和人质营救部队常用枪支的作用,下面将对他们分类加以说明。

手枪

虽然冲锋枪是绝大多数人质营救部队的主要装备,但仍有两项基本任务需要由手枪完成。

主要用途

对某些队员来说,手枪将会是他们的主要武器,原因是它能够让自己腾出一只手应付门、窗、特种武器与战术小组摄像机、震荡手榴弹,或是进行索降、攀登梯子,等等。手枪在营救小组渗透人

下图:在法国北部的鲁贝市,CRW警察同一个犯罪团伙发生了交火。一名男子为了安全,带着孩子避开现场。

上图：法国特种部队正在控制人群。

左图：2002年10月，俄罗斯阿尔法部队的行动人员营救了车臣恐怖分子在莫斯科的一家剧院内劫持的大批人质。不幸的是，攻击行动中有多名人质丧生。

员进入现场时（如装扮成办公建筑的维修人员）能够很好地加以隐藏。手枪可能成为最好选择的另一种情况是队员为了渗入现场，不得不通过空调或供热管道等狭小空间。

次要用途

人质营救小组队员使用手枪的第二种用途是作为主要武器——如狙击步枪、冲锋枪、霰弹枪、突击步枪或瓦斯枪的另一支备用武器。一旦主要武器发生故障，队员能够放下长枪，抽出手枪射击目标。专用训练弹药也常用于训练以便模拟停止作用。这种情况也有可能在主要武器不适用于具体环境的时候出现。例如，一名配备霰弹枪的队员遭遇一名挟持了人质的劫匪，必须对其头部射击才能阻止罪犯。虽然威尔森战斗公司霰弹枪技术部（Scattergun Technologies Branch Wilson Combat）的专家能够设计出可以使用大号铅弹射击头部击倒劫持者的霰弹枪，但通常大部分霰弹枪手会放下自己的霰弹枪，改用手枪击倒劫持者。

下图：一个意大利政要保护小组（NOCS）中的CRW小组一般都会配备一支霰弹枪，在强行进入时，它可以打飞门锁和门上的铰链。

左图：霰弹枪的弹药类型五花八门，令人眼花缭乱。不同国家有不同的分类。（图中）左边是比利时FN霰弹枪使用的常规的小号铅弹；中间是有硬金属弹心的细长子弹；右边是短管步枪子弹。

下图：世界各国都使用类似于比利时FN公司生产的气动操作霰弹枪。这种霰弹枪在近距离内性能可靠，没有流弹产生，而流弹可能会对数百码外的行人造成伤害。

微声手枪

手枪的另一项用途是用在特种环境下。微声手枪可能会被用于在接近过程中打灭灯光或是在反恐行动中击毙哨兵或恶犬。因此,许多人质营救小组至少会配备一支微声手枪。

仿真训练

由于手枪比绝大多数抵肩射击武器更难精确命中,因此人质营救小组的队员往往要使用手枪进行大量射击,有些部队甚至每年射击超过10000发。为了能够更加逼真,将队员们训练的更加出色,在轮胎房或其他专用射击设施中,使用采用仿真弹药的蓝色(指训练用枪)格洛克手枪或黑克勒·科赫公司(HK)冲锋枪(或其他可供人员利用颜料子弹进行训练的武器),进行一对一的竞争性武器训练,这与视频靶场一样可以进行仿真训练。无论具体情况怎样,在仿真手枪训练中,人质营救部队都要承受巨大的压力。

在绝大多数情况下,人质营救部队选择的是自动手枪而不是转轮手枪。当然也有例外,如著名的法国内政部反恐部队(RAID)和法国国防部反恐部队(GIGN)使用的就是性能优异的马努兰MR73

下图:大多数美国警察都非常喜爱9毫米马格南子弹,其性能明显优于普通的9毫米和特殊的9.65毫米的派拉贝鲁姆子弹。虽然它使用的气动操作系统会产生强大的后坐力,但这种后坐力在可控制的范围之内。

这支MP5A3有一个金属伸缩式枪托，大大缩短了枪的长度。早期的MP5冲锋枪使用的是垂直式弹匣。

黑克勒·科赫公司的MP5A3冲锋枪

黑克勒·科赫公司的MP5A2冲锋枪

这支MP5A2冲锋枪有一个固定的强化工程塑料枪托。1978年后，为了提高供弹能力，所有MP5冲锋枪都改用弯曲式双排弹匣。

黑克勒·科赫公司的MP5K冲锋枪

马努兰 MR 73

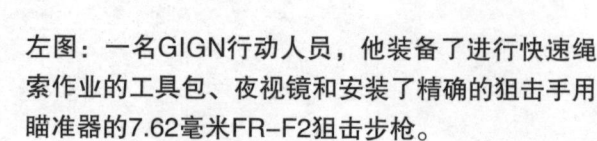

左图:一名GIGN行动人员,他装备了进行快速绳索作业的工具包、夜视镜和安装了精确的狙击手用瞄准器的7.62毫米FR-F2狙击步枪。

上图：在一次快速反应训练中，RAID的行动人员从一架直升机上跳下。

左图：法国反恐作战部队的行动人员展示他们在城市环境下执行任务时的标准装备，包括实施下滑攻击时需要使用的绳索作业包。

（Manurhin MR73）转轮手枪。紧凑性、重量、弹匣容量、重复射击的便捷性等多种因素通常会决定自动手枪的选择。

勃朗宁大威力手枪

多年以来，在人质营救部队中最流行的手枪曾是比利时FN公司生产的勃朗宁大威力手枪，即HP手枪。该枪曾被特种空勤团和联邦调查局人质营救小组采用。HP手枪将大容量弹匣（13发9毫米×19毫米子弹）与高可靠性结合在一起。它也曾是世界上最流行的军用手枪，因此可在绝大多数军队的武器库中找到。但就缺点而言，HP手枪扳机引力较小，而且直到最近十年才加上瞄准镜与保险。尽管如此，英国特种空勤团和美国联邦调查局人质营救小组仍是选择HP手枪的知名的部队之一。值得一提的是，为了提高其精确度和可靠性，联邦调查局使用的HP手枪经过了复杂的定制加工。

右图：勃朗宁大威力手枪已经制造了数百万支，另外还有无数仿制品。这种型号的勃朗宁大威力手枪的枪把涂有防止滑脱的涂料，滑座上装有"红点"瞄准器。

右图：勃朗宁大威力手枪的弹膛轴位于射手的手下方。射击时，可以减小枪口的转动。保险阻铁位置适当，需要解除保险时，大拇指会自动落在击发位置。

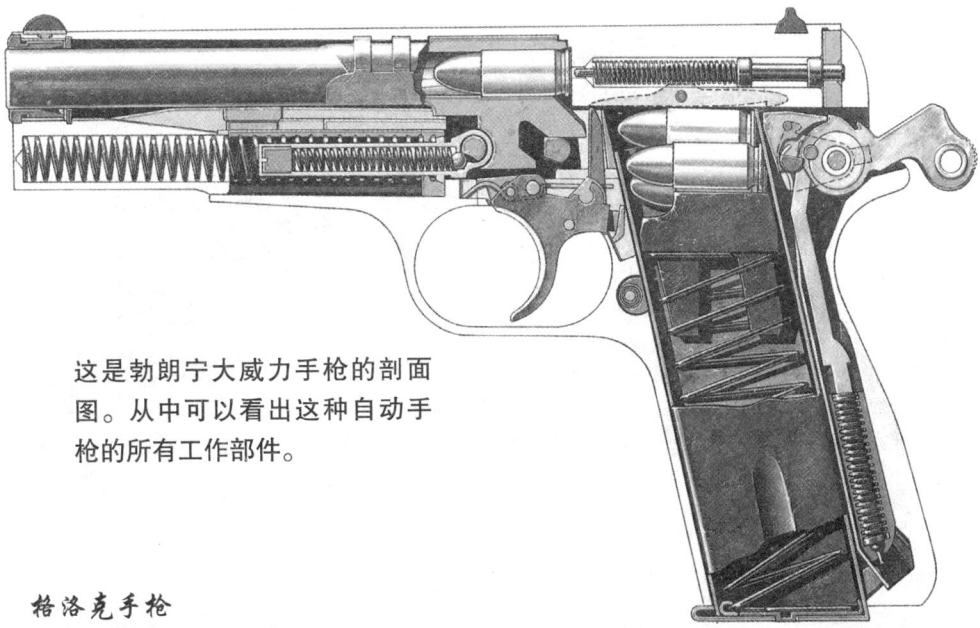

这是勃朗宁大威力手枪的剖面图。从中可以看出这种自动手枪的所有工作部件。

格洛克手枪

许多人质营救部队现在已经用格洛克手枪（Glock）或是西格手枪（SIG）代替了勃朗宁大威力手枪。目前占据了美国警用市场主流的格洛克手枪被各特种武器与战术小组广泛使用。格洛克手枪非常可靠耐用，具有良好的瞄准具、大容量弹匣，同时由于采用"快动"设计（Fast Action），该枪在保险状态下能够迅速做好射击准备。最新一代格洛克手枪将导轨直接焊接在枪身上，便于迅速加装战术灯或激光瞄准装置，而不会过度影响武器的平衡或结构。人质营救小组使用的最为常见的格洛克枪械弹药是9毫米子弹、11.43毫米柯尔特自动手枪弹（ACP）。但新型高速西格手枪弹也有一些人拥护，这种最初为联邦调查局设计的10毫米弹药也可以在格洛克手枪中找到对应枪型。最常见的格洛克手枪的弹匣容量介于13～17发之间，根据枪型和口径而有所不同。

SIG P226手枪具有先进的设计和极其可靠的性能。据报道，英国空中特种部队使用的就是SIG P226手枪。

西格手枪（SIG）

瑞士工业公司（SIG）出品的西格手枪具有极好的质量，将出色的精度与可靠

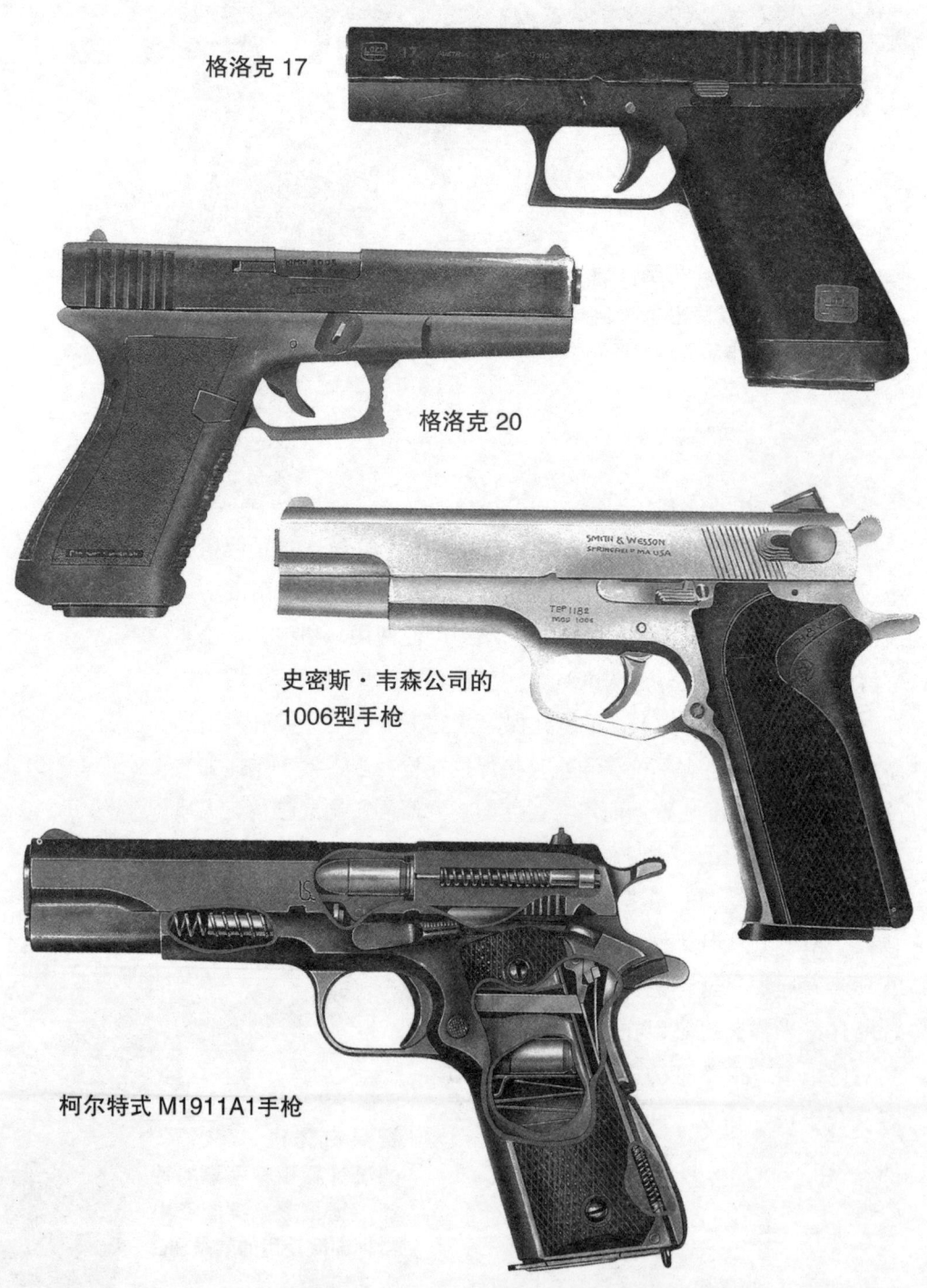

格洛克 17

格洛克 20

史密斯·韦森公司的 1006型手枪

柯尔特式 M1911A1手枪

左图：柯尔特M1911是世界上最成功的手枪之一。这种武器非常坚固，而且它的11.43毫米口径子弹的威力非常大。

性、大容量结合在一起。人质营救部队使用的西格手枪通常采用常规的双动式设计，通过扣动扳机——由于此时扳机处于双行程状态，故所需扳机引力较大——快速进行第一次击发，然后再次扣动扳机——由于此时扳机为单行程状态，故所需引力较小——进行后续射击。通过这种行动方式的设计，在第一发子弹需要精确射击时，手枪需要人工调至击锤打开状态。

人质营救部队使用的最常见的西格手枪是P-226型，但P-228、P-229型以及最新的P-2340型都有各自的拥护者。

SIG P226

> 作者最爱的西格手枪——P-210——是人质营救的极佳选择，因为这种手枪是市面上最为精确、可靠、耐用的自动装填手枪之一。但由于它使用的单排弹匣仅能容纳8发子弹、采用的是单动式工作原理以及价格的原因，因此只有少数几支部队选择了这种手枪。但是，如果要对劫持者进行精确的头部射击，那么P-210手枪具有无可比拟的优越性。

政府型手枪

在美国的许多部门——现在也包括联邦调查局——中，各种类型的柯尔特政府型0.45英寸自动手枪非常普遍。政府型手枪通过定制获得更好的瞄准具、扳机引力和提升精度的可能性更大。

许多枪匠擅长制作经典型11.43毫米手枪的定制版，其中包括作者本人最爱之一的冈赛特手枪公司（Gunsite Service Pistol），其设计就是为了实现绝对安全与快速操作。与格洛克手枪、西格手枪一样，冈赛特手枪公司的11.43毫米自动手枪也配备了用于昏暗条件下射击的夜视瞄准具。联邦调查局人质营救小组和其他的部门希望使

贝雷塔 92SB型手枪

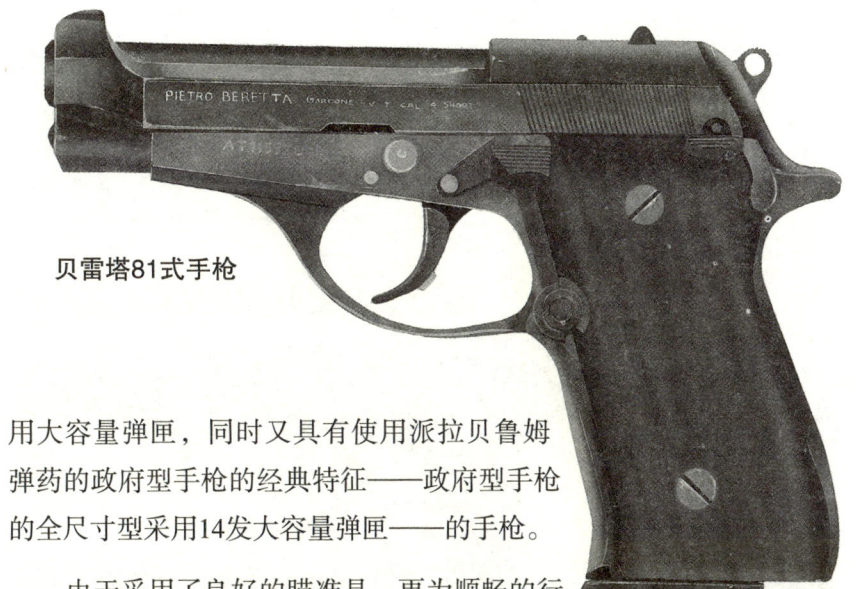

贝雷塔81式手枪

用大容量弹匣,同时又具有使用派拉贝鲁姆弹药的政府型手枪的经典特征——政府型手枪的全尺寸型采用14发大容量弹匣——的手枪。

由于采用了良好的瞄准具、更为顺畅的行程方式和固定式枪管,政府型手枪能够提供人质营救部队所需的精度,同时具有很好的杀伤效果。需要注意的是,现在常用的9毫米、10毫米弹和11.43毫米手枪弹单发命中阻止对方攻击的能力均在90%以上。

有些部队选择其他自动手枪,如史密斯·韦森、贝雷塔、鲁格、黑克勒·科赫(Heckler & Koch,即HK)或沃尔特。

特种手枪

另外两种特种手枪在人质营救中具有特定用途。一种是因为使用它的部门,另一种是因为它的枪膛。美国海军海豹部队使用的HK Mk23 SOCOM(特种作战司令部)手枪被设计为特种作战任务专用手枪。该枪使用0.45英寸柯尔特手枪弹,可以安装消声器并且其枪身可以加装激光瞄准具、战术手电或其他瞄准装置。Mk23是一支大型手枪,但海豹部队接受过在营救人质情况下有效使用该枪的训练。

值得一提的是,Mk23这种在枪身上设置激光或光学瞄准具导轨的设计在人质营救小组中得到了广泛应用,HK USP、格洛克、西格PRO、沃尔特P-99等手枪均采用了同类结构。由于常常要在没有灯

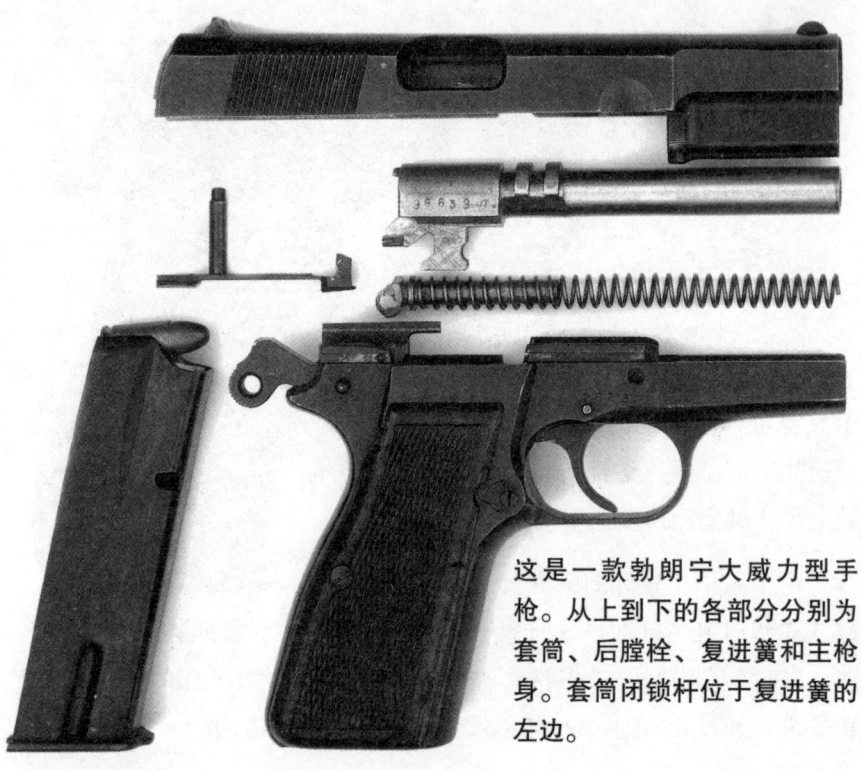

这是一款勃朗宁大威力型手枪。从上到下的各部分分别为套筒、后膛栓、复进簧和主枪身。套筒闭锁杆位于复进簧的左边。

光的情况下使用武器,因此,带有战术灯或激光瞄准具对于人质营救行动所需的命中精度极为必要。

另一种特种手枪是FN57,这是一种采用20发弹匣的军、警用手枪,它的枪膛可以容纳FN公司P90型冲锋枪使用的5.7毫米×28毫米子弹。这种弹药弹头速度极高,能够很好地穿透防弹背心。由于许多恐怖分子或极端主义团伙已经获得了防弹衣,因此,一发由手枪或紧凑型冲锋枪发射却能有效穿透防弹材料的子弹对许多突入小组具有吸引力。

> **实例**
>
> 在秘鲁特种部队对日本大使位于利马的住所发起的营救行动中,营救小组的某些队员配备了5.7毫米×28毫米子弹的FN公司的P90,以便对付穿有防弹背心的恐怖分子(见附录1)。

世界上其他警方或军方部门还有可能使用其他手枪，但之所以选择它们往往是出于当地的实际条件而不是对人质营救任务的具体适应性。有些部门可能允许队员在两三种最能适应特定任务的手枪中自由选择。如法国的国防部下属反恐部队（GIGN）就可以选择配有两脚架的史密斯·韦森马努兰左轮手枪作为近距离城市狙击武器。

冲锋手枪

还有一些武器介于手枪与冲锋枪之间。它们一般被称为冲锋手枪，即具备全自动射击能力的手枪。由于一般很难控制，这些武器并不十分适用于人质营救任务。但有两种冲锋手枪在营救部队中得到了部分使用。在独联体国家，一些突入小组仍在使用斯捷契金冲锋手枪，一种发射9毫米×18毫米枪弹的冲锋手枪。由于配有可折叠式枪托，斯捷

上图：1997年4月，在对日本使馆实施突击前，一名秘鲁特种部队的成员正手持多处被改装过的MP5进行部署。

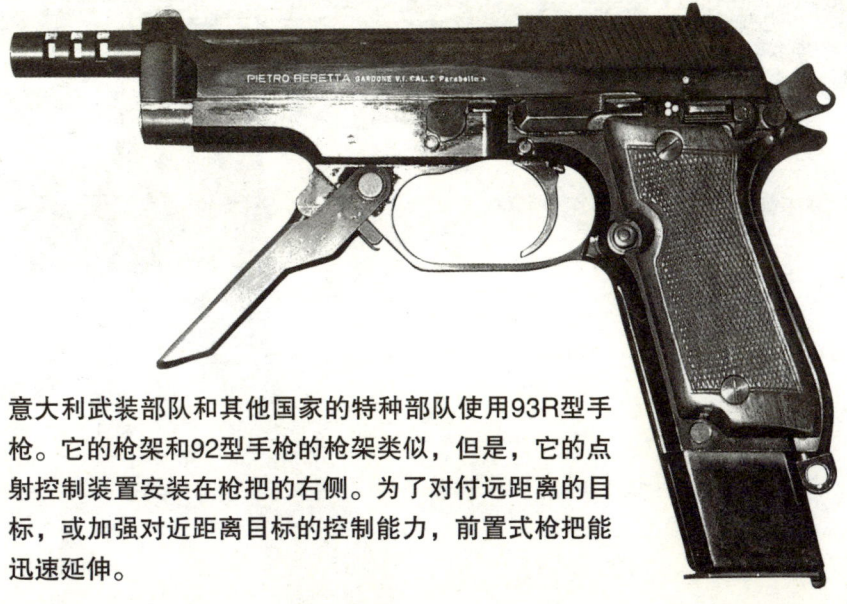

意大利武装部队和其他国家的特种部队使用93R型手枪。它的枪架和92型手枪的枪架类似，但是，它的点射控制装置安装在枪把的右侧。为了对付远距离的目标，或加强对近距离目标的控制能力，前置式枪把能迅速延伸。

右图：93R型手枪具有3发子弹点射的能力。尽管携带和操作方法都和常规手枪一样，但更准确地说，93R型手枪更接近于冲锋枪。

MP5A3冲锋枪的剖面图

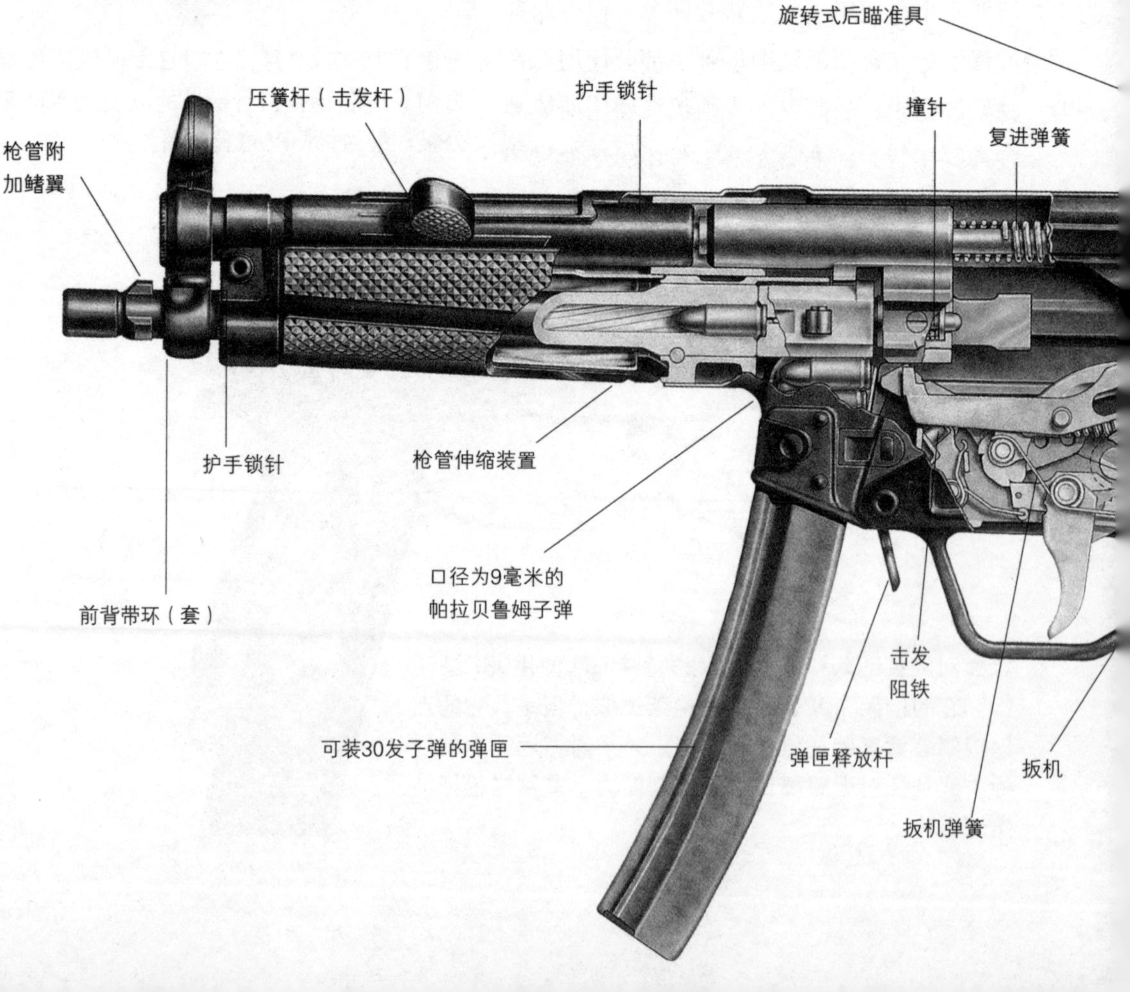

契金冲锋手枪实际上被当作紧凑型冲锋枪使用，可以算是人质营救中最好的冲锋手枪。但它主要在独联体国家的部门中使用，因为它是俄制武器库中唯一一款具有大容量弹匣（20发）的手枪。格洛克18型射击模式可调型手枪（自动手枪）也在某些人质营救部门中得到了极为有限的应用。这种武器可以像标准型格洛克17型手枪那样使用，但当模式旋钮调至全自动模式时，即可成为一件自动武器。虽然该枪的聚合物枪身能够吸收后坐力，从而带来令人惊异的操控性能，但它仍然不太适合人质营救任务。

冲锋枪

对于许多人质营救部门来说，冲锋枪特别是HK MP5型冲锋枪已经成为标志性武器。

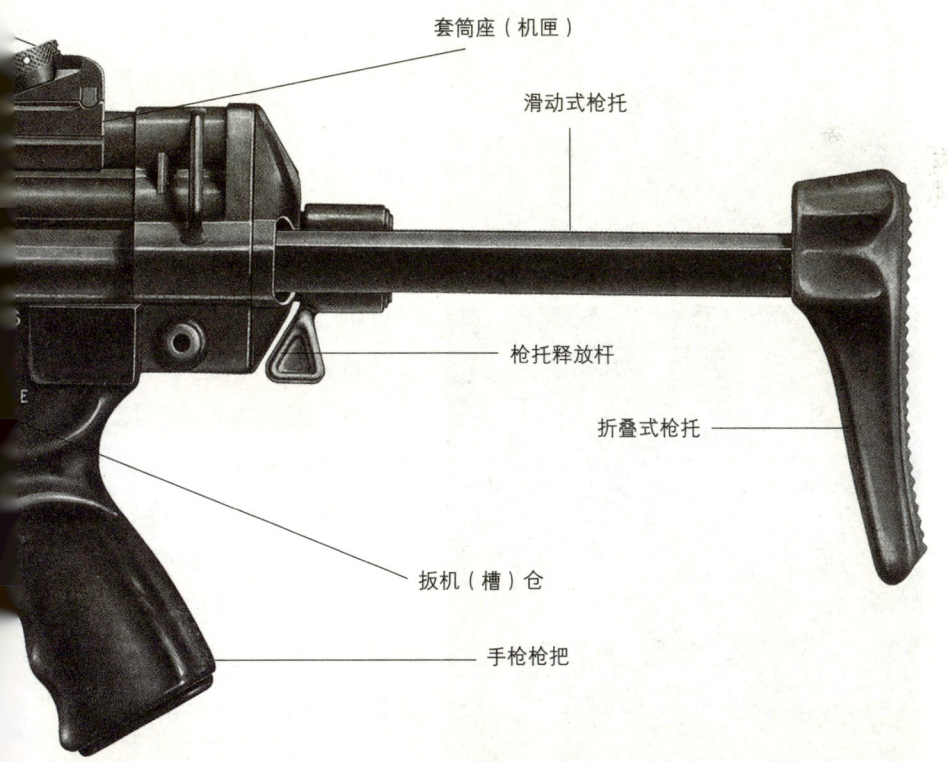

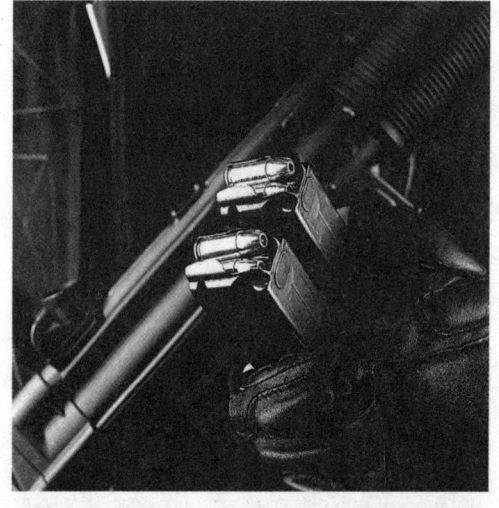

右图：MP5冲锋枪使用的弹匣是一种简单、廉价但非常有用的辅助设置。大尺寸的MP5冲锋枪通常使用可装15发或30发子弹的盒式弹匣。两个弹匣夹在一起使用，可以有效地增强MP5冲锋枪的火力，换弹匣和重新射击可在瞬间完成。

右图：MP5冲锋枪有全套辅助设施，这是供警察使用的激光瞄准仪和电筒。

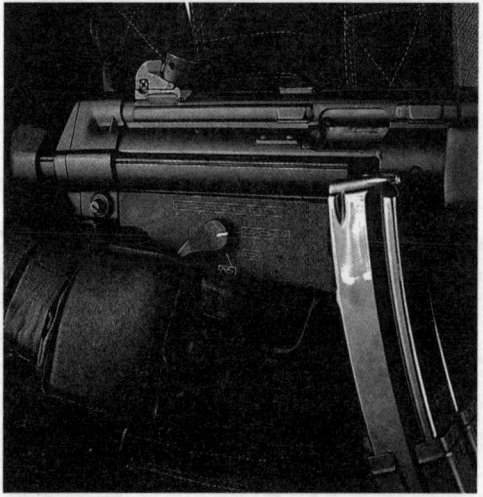

右图：选择式扳机组件可以使射手自由选择单发射击、全自动2发子弹点射或3发子弹点射。选择器开关易于使用，甚至戴着手套也可以使用。

HK MP5型冲锋枪

该枪易于操作、结构紧凑、射击准确、能够加装各种特制瞄准装置，由于该枪使用手枪弹，因此不会出现步枪弹穿透力过强、危及人质的情况。因此，该枪是一种非常适合人质营救的武器。由于其具有伸缩式枪托与手枪式握把，因此该枪为精确射击提供了更为稳定的射击平台。在人质事件中，突入小组队员可将模式旋钮调整为半自动模式而不是全自动模式，以便在劫持者挟持人质或处于人质旁边位置时进行射击。训练有素的射手也可学习通过扳机的控制每次进行2～3发的点射，以增大对目标的打击效果。某些MP5的模式旋钮具有3发点射设置，可以对劫持者的目标中心（如胸部区域）或头部进行点射。如果有迹象表明劫持者穿有防弹背心，那么对头部射击更为可取。如果证明确有防弹背心，同时无法对头部射击，那么可以对其下腹部

MP5的缩短版本，即MP5K，它是一种简捷致命的武器。

射击，这样常会迫使劫持者放弃并释放人质。显然，MP5的精度是其被人质营救小组使用的一项重要原因。

MP5的多功能性也使其成为人质营救部门的最爱。例如，在该枪的各种型号中，固定式枪托型的MP5A2被有效地应用于人质营救行动；伸缩枪托型的MP5A3由于结构更加紧凑，非常适用于进入飞机、轮船或其他场所。MP5SD是该枪的微声（"消声"）型；MP5K型则是带有手枪式前握把的紧凑型。MP5SD可以用于消灭上文在"微声手枪"中提到的灯光、犬只、哨兵等，它也具有其他战术优势，例如能让突入小组成员保持更为敏锐的听力，以便与其他成员通话或者听到人质的呼喊。由于枪口焰可能引燃化学物质或气体，而消声器可以降低枪口焰，因此微声枪支在

下图：西班牙反恐小分队成员正在用MP5瞄准。世界上许多精锐部队都装备了MP5。

弥漫化学气体的环境下（如通过地下管道深入某个场所）也具有较高价值。需要注意的是，特制的"湿式"消声器在这方面具有更好的效果。虽然全长仅有13英寸，但由于具有手枪式前握把和伸缩式枪托，因此使用者通过适当训练就可以使用MP5K进行非常有效的射击。但由于便宜的MP5A2更容易获得，因此人质营救部门很少选择MP5K。某些操作手非常喜爱手枪式前握把，因此在MP5A2/A3也加装了这一装置。

乌兹

虽然MP5在承担人质营救任务的军方或警方部门中成为"首选冲锋枪"，但仍有许多优秀冲锋枪得到一定应用。或许排在MP5之后使用最广的冲锋枪就是乌兹了。由于具有良好的耐用性，乌兹冲锋枪在同样承担人质营救任务的战斗蛙人部队中极为流行。总的来说，使用闭锁式枪机的MP5冲锋枪被认为更为精确，这就限制了采用开膛待击射击方式的乌兹冲锋枪的应用，但乌兹冲锋枪的最新型号也采用闭锁式枪机。最知名的乌兹冲锋枪用户中，就包括以色列、荷兰皇家海军陆战队以及实施了日本使馆营救行动的秘鲁部队。其中秘鲁人使用的是袖珍型乌兹冲锋枪，这是乌兹冲锋枪的一种更为紧凑的型号。

意大利的贝雷塔M12型冲锋枪也有应用，而鲁格MP9——该枪与乌兹冲锋枪具有很多相似的特性——也被某些美国特种武器与战术小组采用。还有一些美国的特种武器与战术小组使用柯尔特AR-15或M16。

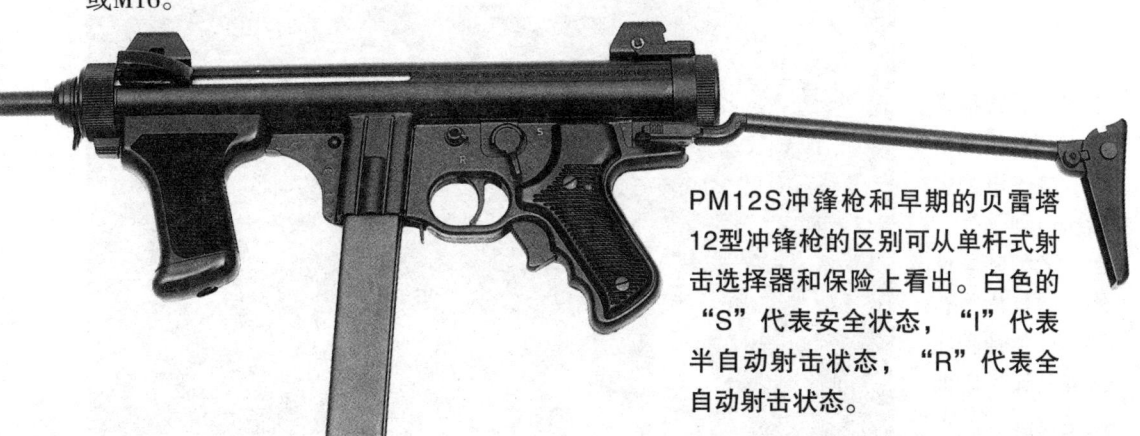

PM12S冲锋枪和早期的贝雷塔12型冲锋枪的区别可从单杆式射击选择器和保险上看出。白色的"S"代表安全状态，"I"代表半自动射击状态，"R"代表全自动射击状态。

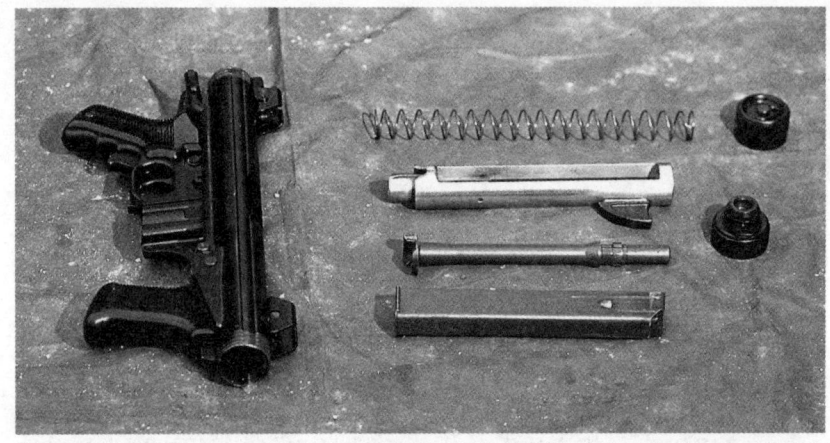

右图：贝雷塔12型冲锋枪和第二次世界大战前的意大利贝雷塔冲锋枪在设计上的最大区别是：贝雷塔12型冲锋枪的弹匣槽和套筒座是用冲压的耐用金属制成的。

右图：尽管贝雷塔12型冲锋枪和它的改进型大量出口到国外，但意大利陆军使用的数量极为有限，仅供特种作战部队和保安部队使用。

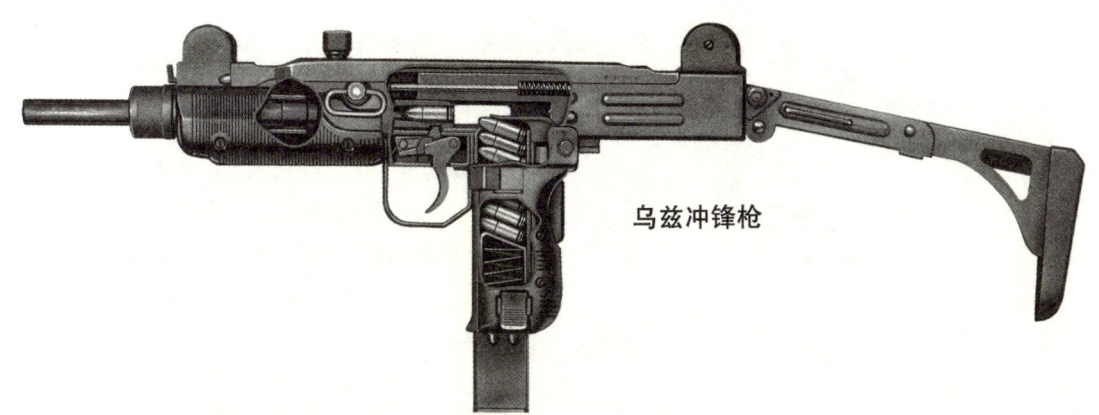

乌兹冲锋枪

左图：乌兹的设计一开始就很好，后膛的前面就是枪机的主体，这使得它成为一种简洁的武器。它的平衡性很好，单手操作起来相对很容易。

下图：乌兹首次出现在20世纪50年代初期，尽管它使用的时间有点长，但仍是一种很好的武器。

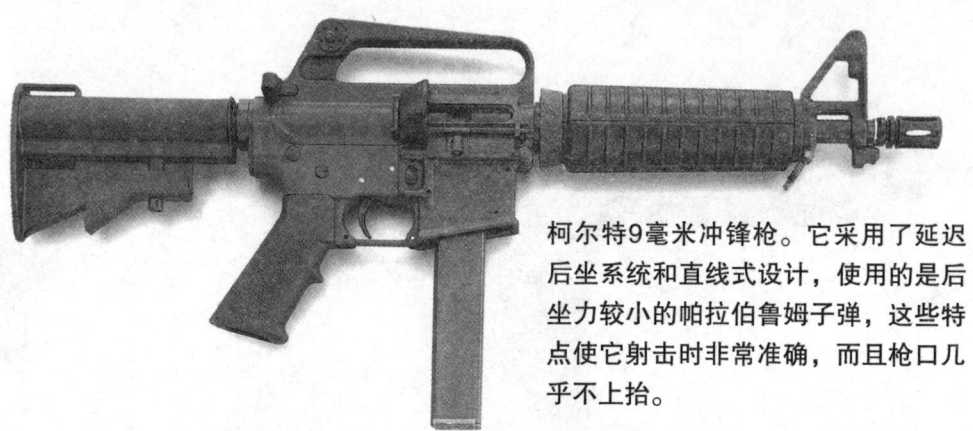

柯尔特9毫米冲锋枪。它采用了延迟后坐系统和直线式设计，使用的是后坐力较小的帕拉伯鲁姆子弹，这些特点使它射击时非常准确，而且枪口几乎不上抬。

> **实例**
>
> 由于具备穿透防弹背心的能力，较新型的FN P90 5.7毫米冲锋枪也引起一定关注。在对位于利马的日本使馆实施的行动中，秘鲁突击队就使用该枪消灭身着防弹背心的恐怖分子。

步枪口径冲锋枪

有些人质营救部队发现，步枪口径冲锋枪——有时被称为"短卡宾枪"——具有更大的穿透力和射程，同时结构紧凑，因此也具有较高价值。但这也会增大下列风险，即某发子弹穿透力过度、在击穿一名劫持者后仍有强大动能伤害人质。在最为优秀的步枪口径冲锋枪中，包括俄罗斯的AKS-74U、HK-53和柯尔特CAR-15。由于这些短管型武器通常枪口焰和后坐力更为明显，因此必须多加练习才能熟练掌握。

M16A1

左图：M16突击步枪是一种优秀的武器，但它需要非常专业的机械加工，因而制造成本很高。

下图：美国军队使用的M16能进行单发射击或3发连射。为了节约子弹，该枪用3发连射代替全自动射击。

上图：带有M203榴弹发射器的柯尔特M4卡宾枪具有猛烈的火力。M4是M16短管版本。

M16/M203 枪榴弹发射器

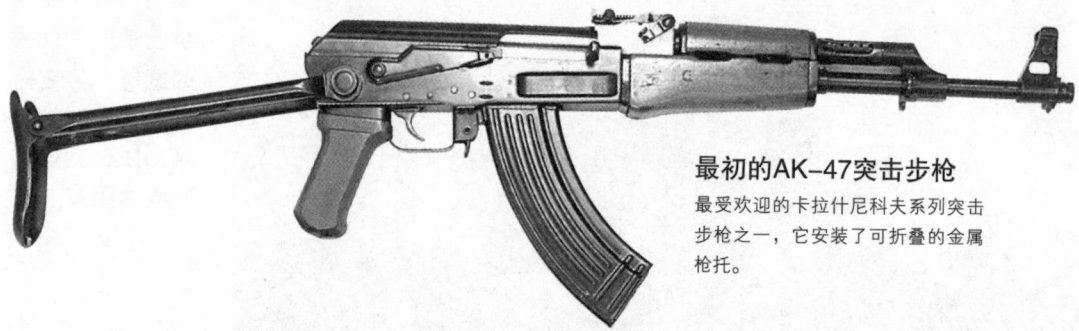

最初的AK-47突击步枪
最受欢迎的卡拉什尼科夫系列突击步枪之一,它安装了可折叠的金属枪托。

卡拉什尼科夫突击步枪的生产数量超过历史上任何一种轻武器。在20世纪下半期发生的所有战争中都能见到它的身影。

现代AKM突击步枪
从不同的枪口制动器附件设置上可以分辨出它和AK-47突击步枪的区别。

突击步枪

虽然在绝大多数人质营救小组的武器库中都有突击步枪,但它或许是最不可能用于该任务的武器。由于其设计目的旨在赋予步兵在推进时投送压倒性火力,突击步枪并不适合进行外科手术式的人质营救行动。突击步枪最有可能的应用方式是作为"狙击手+观察员"组合中观察员的配枪,或是作为警戒小组成员使用的近距离压制武器。突击步枪也可用在预计恐怖分子穿有高防护级别的防弹背心或是需要穿过某种类型遮蔽物进行射击(如穿过列车部分车厢射击)情况下的特定反恐行动。在一些部队中,加挂M203榴弹发射器的M16步枪被分配给使用催泪瓦斯的队员,这种情况下,M16通常被作为该名队员的主要武器。在某些情况下,由于只有突击步枪,因此也可能使用这种武器。在世界一些地方,人质营救部队使用的是AK-47突击步枪,因为这是他们国家的武器库中最为常见的武器。一些美国宪兵特种反应小组(special reaction teams,SRT)也装备了

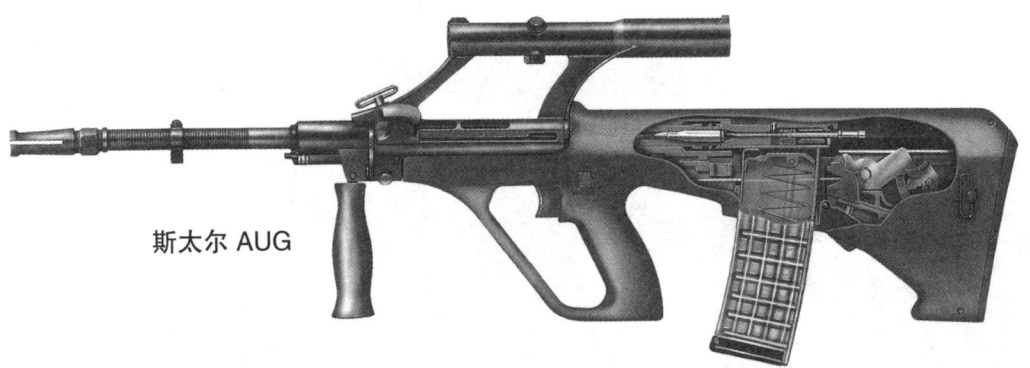

斯太尔 AUG

左图：气动操作的斯太尔AUG主要由先进的材料制造，这意味着它比其他的步枪更轻。它也是一件很合手的武器。

斯太尔AUG-A1步枪

事实证明，在作战部队中，最初的AUG突击步枪极其坚固，能经受住各种类型的试验。其中有一个事例：一辆10吨重的卡车碾过后，它还能进行射击，唯一损坏的只是塑料制的套筒座盖子。

斯太尔AUG-P步枪

它是AUG突击步枪中的警用型号,它的枪管比突击步枪的枪管短,许多执法部门使用的AUG-P步枪是半自动步枪,只能单发射击。

下图:AUG突击步枪出口到世界上许多国家,其中就包括马来西亚武装部队。

上图：尽管AUG突击步枪长着一幅太空时代的模样，但是奥地利军队已经使用这种突击步枪超过25年。

M16突击步枪以用于人质营救行动。

斯太尔AUG突击步枪在突入行动中的使用

如果使用特种碎片弹药（关于这部分内容将在"弹药"中讨论），那么突击步枪可以在突入行动中发挥有效作用。有一种曾在人质营救行动中得到一定应用的突击步枪具备多用性。无托型斯太尔AUG突击步枪的结构非常紧凑，在突入行动中可以与冲锋枪一样方便地使用。一种9毫米转换单元确保该枪能够迅速实现由5.56毫米突击步枪向9毫米冲锋枪的转换。这一系统的优势在于士兵或警员能够训练使用一种可用于各种情况的武器。9毫米或5.56毫米CAR-15也能够提供同样的多用性。

狙击步枪

由于具备迅速结束人质问题的能力，许多人都认为狙击步枪是人质营救部队的武器库中最有价值的武器。当然，它与霰弹枪和冲锋枪具有同样的重要性。

选择

在为人质营救任务选择狙击步枪时，主要考虑的因素必须是其准确性，当然，由于狙击手必须能够将步枪携带至射击位置，特别是在经过艰难的潜行或攀登之后，因此重量也是一个必须考虑的因素。多数狙击步枪的基本标准是能够在300码距离上保证1角分（每100码1英寸）的误差。更好的狙击步枪能够取得1/2角分甚至更好的成绩。7.62毫米（0.308英寸）北约标准口径是整个西方世界普遍使用的狙击步枪口径，但为了取得更远的射程，常常也会使用诸如0.300英寸温彻斯特弹药（Winchester）或0.338英寸拉普阿（Lapua）弹药。一些城市特种武器与战术小组也使用0.223英寸口径的狙击步枪，但由于更容易受到侧风影响、在穿越中间障碍物时表现较差，因此0.223英寸口径远没有0.308英寸口径普遍。在俄罗斯和前苏联共和国，7.62毫米×54R型子弹仍然是标准狙击弹药。

虽然有许多优秀的狙击步枪，但其中有一些最为常见，应当加以介绍。

下图：成功的神射手是天赋和训练的创造物。射手的天赋必须保证他具备适当的身体素质和心理素质；然后，射手经过严格训练，掌握必要的射击技能——如精确射击——使两者完美结合在一起，这样才能训练出一名合格的远距离杀手。

栓动式狙击步枪

西方人质营救部队目前使用最广的狙击步枪或许是斯太尔SSG69狙击步枪。该枪目前已经服役近30年，由于其精度和易于使用而具有良好声誉。它的另一项优点是使用模块化弹匣，因此它能使狙击手在必要时迅速更换所用弹药类型，或便于再次装弹。在美国警方的特种武器与战术小组中，雷明顿700型狙击步枪由于精度较高、重量较轻，同时价格适中而具有良好的声誉。轻型战术步枪（Light Tactical Rifle，LTR）使用开有凹槽的20英寸枪管，非常便于在狭小空间内携带或部署，同时不会影响其精度。Robar公司在雷明顿700栓动式步枪基础上设计的折叠枪托型的结构则更为紧凑。该枪可以定制使用16英寸短枪管以及折叠枪托，非常便于狙击手携带进入战位，而且Robar狙击步枪仍能轻易击中小于1角分的范围。一些军方反恐部队使用的美国军用M24狙击系统同样基于雷明顿700狙击步枪。

精度国际公司的PM狙击步枪（其英国军用型号为L96A1）被许多人认为是世界上最优秀的狙击步枪，该枪能够在500码距离上命中小于1角分的范围，而优秀的射手能够在500码距离上命中1/2角分的

斯太尔SSG69步枪使用的是蔡司ZF69望远镜，可对800米（875码）内的目标进行仔细观察。这种步枪没有安装普通的机械瞄准具。SSG69步枪使用的是与众不同的旋转式模块化弹匣，但也可使用装10发子弹的盒式弹匣。

美国海军陆战队于1966年选中了雷明顿700型步枪。这种步枪经过改进可以满足陆战队的特殊需求。

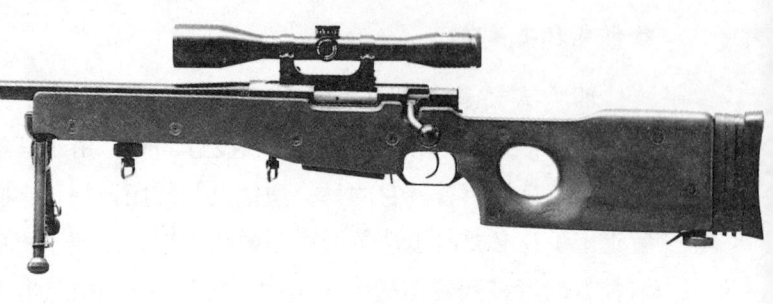

上图：PM反恐型狙击步枪的枪口有一个螺旋状设置。这种设置不适合步兵型狙击步枪。弹匣可装10发子弹，安装有机械瞄准具和枪背带环。

右图：美国海军陆战队决定选择自己的狙击步枪后，订购了雷明顿公司生产的雷明顿700型民用步枪，当时这种步枪仍然使用机械瞄准具（如图）。M40军用狙击步枪是雷明顿700步枪的改进型，尽管后来生产出新式的M40A1狙击步枪，但M40狙击步枪仍在使用，这种狙击步枪只有美国海军陆战队使用。

下图：狙击的艺术包括射手对周围环境的利用能力，避免在移动时被敌人发现行踪。这名狙击手和他的狙击步枪经过了艺术性伪装，人们很难发现其轮廓。

范围。由于采取了优秀的人机工程设计，PM狙击步枪能够使多数战术射手的技能发挥到极致。这也是笔者所使用过的唯一一支在超过300码的距离上命中精度小于1角分的狙击步枪。精度国际也可提供更大口径步枪以供远距射击使用。

自动装填狙击步枪

上面提到的是人质营救部队所使用的最典型的三种栓动式狙击步枪，但某些部队则比较倾向于使用自动装填狙击步枪，因为此类步枪便于进行快速后续射击。例如俄罗斯的德拉贡诺夫狙击步枪就采用了半自动方式并使用10发弹匣，能够对多个目标进行快速打击。HK公司的PSG-1则是另一种采用半自动设计的狙击步枪，虽然其重量被认为略大，但该枪仍然得到了反恐界的广泛认可。在美国的执法机构中，由于人们认为自动装填狙击步枪更为合适，因此斯普林菲尔德兵工厂根据M14步枪生产的半自动型M21狙击步枪较为流行。

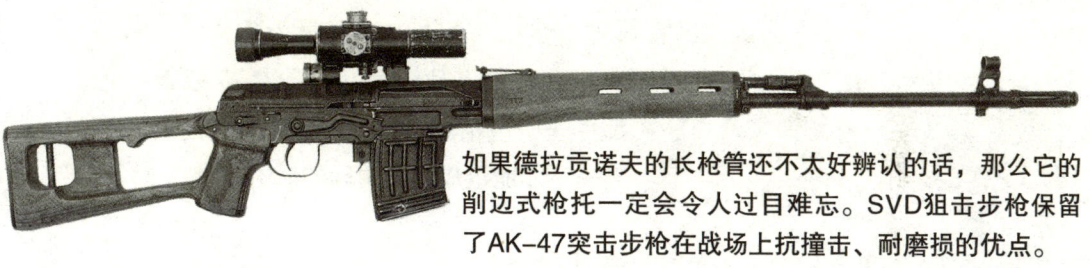

如果德拉贡诺夫的长枪管还不太好辨认的话，那么它的削边式枪托一定会令人过目难忘。SVD狙击步枪保留了AK-47突击步枪在战场上抗撞击、耐磨损的优点。

微声狙击步枪

对于某些高度特殊的场合，可以使用微声狙击步枪，但它们所使用的亚音速弹药通常会严重影响子弹的射程。俄制VSS微乎狙击枪（Silence Sniping Rifle）使用9毫米×39毫米弹药，专门用于实施近距的无声狙杀。由于VSS狙击枪是一支设计优良的步枪，采用10发或20发弹匣，可以快速进行后续射击，因此其微声的特点使其可以在对方意识到之前击毙多名恐怖分子。

光学装置

狙击步枪的光学装置与狙击步枪同等重要。战术步枪瞄准镜应当坚固耐用、透光良好、具备测距辅助装置,并且易于进行风偏和水平修正。许多战术射手更愿意使用倍数可调的瞄准镜,其放大倍率能够在2.5倍与12倍之间调整以适应战术情况。精密的风偏与水平修正非常重要,最好能够以1/4角分的幅度进行调整。装在镜片内的测距系统有多种不同形式。作者比较喜欢密位点系统(该系统已在关于狙击的第4章中进行过讨论)。有助于昏暗情况下射击的照明分划也是一项令人满意的特点。但是,或许最重要的是镜头的质量,它保证了在不同距离上都能获得非常清晰的图像。

与狙击步枪一样,许多优秀的光学装置可供我们选择。在美国特种武器与战术小组中,柳波德公司(Leupold)的战术瞄准镜经常被提及,并且较好地实现了价格、耐用性与精确度的平衡。在欧洲的狙击瞄准镜中,施密特·本德尔、卡尔·蔡司具有极高的声誉。罗马尼亚的IOR Valdada公司近来在推广其战术瞄准镜方面也取得了巨大成功。由于坚固耐用,俄制PSO-1瞄准镜一直是德拉贡诺夫狙击步枪的标准瞄准镜。

将合适的瞄准镜与狙击步枪搭配起来也是极为重要的,需要选择合适的基座、固定环、镜盖以及其他部件——包括通常由Harris公司制造的两脚架——才能组成一套精确的射击系统。

霰弹枪

使用

在人质营救行动中,霰弹枪的使用常常遭到人们的误解,因为很多人认为这种武器的射击散布较大,既可能击中劫持者,也可能击中人质。但首先,多数战术霰弹枪实际上是在突入行动可能的距离上以相对较小的射弹散布发射大号铅弹。如果经过霰弹枪技术公司或者霰弹枪店的收口处理,那么它们的射弹散布会更小,在紧急情况下,甚至

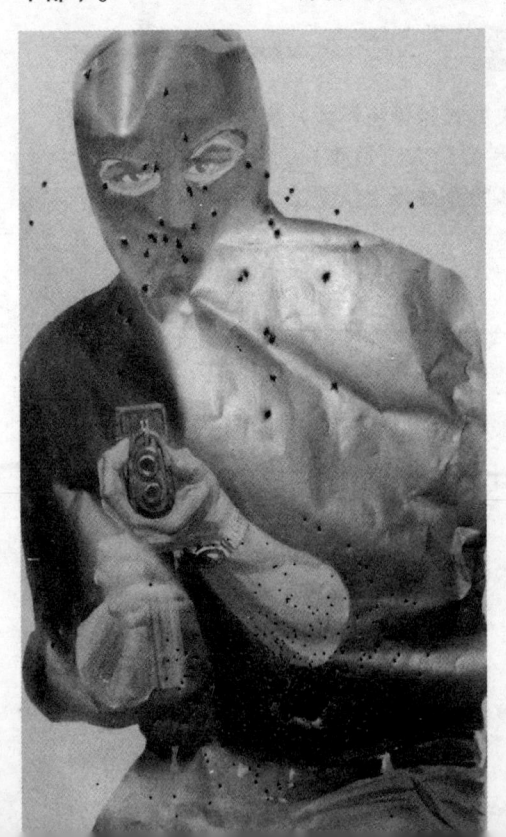

下图:霰弹枪每发射一发子弹就意味着有一次击毙或重创敌人的机会(图中靶子上部就是霰弹枪子弹的扩散面积)。霰弹枪还可以发射较重的金属子弹。和步枪相比,虽然霰弹枪的射程较近,但是它的动能相当大,完全可以在近距离内拦阻或击毙袭击者(见图中靶子下部)。

左图：在20世纪50年代的马来亚危机期间，英国使用了战斗霰弹枪。在越南战争中，美国人全面验证了霰弹枪的作战效能。在战术上，霰弹枪（见图中）常是一种具有决定性的武器。

可以在人质就在旁边的情况下向劫持者的头部实施射击。这种做法并不受鼓励，而且需要极高的精度——通常射手会瞄准（劫持者）距离人质较远的那只眼睛，这样就能将射弹散布控制在劫持者的头部。

但是，真正将霰弹枪作为营救武器的情况极为罕见。

实际上，霰弹枪常被用于打掉门锁或铰链，或者作为"队尾枪手"的武器，控制可能突然出现劫持者的走廊或楼梯井，从而为全队队员提供保护。常被用于打掉大门或门锁的霰弹枪拥有这样的称呼——"破门"人员专用的拒止装置。在此，作者再次重申，霰弹枪仅可在紧急情况下用于打击挟有人质的劫持者。

目前，世界上各人质营救部队使用最广的霰弹枪是雷明顿870泵动式12号霰弹枪（Remington 870 slide-action 12 gauge）。由于经过了美国执法机构几十年来的使用检验，870型霰弹枪是一种优秀的战斗霰弹枪。莫斯伯格590型（Mossberg590）泵动式霰弹枪也得到广泛应用。在自动装填霰弹枪中，雷明顿11–87型警用霰弹枪和贝雷利M1型（the Benelli）霰弹枪最为常见。但是，由于人质营救人员使用的霰弹枪可能会使用特制的低杀伤性弹药或破门（lock-busting）弹药，无法产生自动装填动作，因此泵动式霰弹枪更为合适。枪挂战术灯可以加挂在霰弹枪以及突入小组使用的其他武器上。有些突入

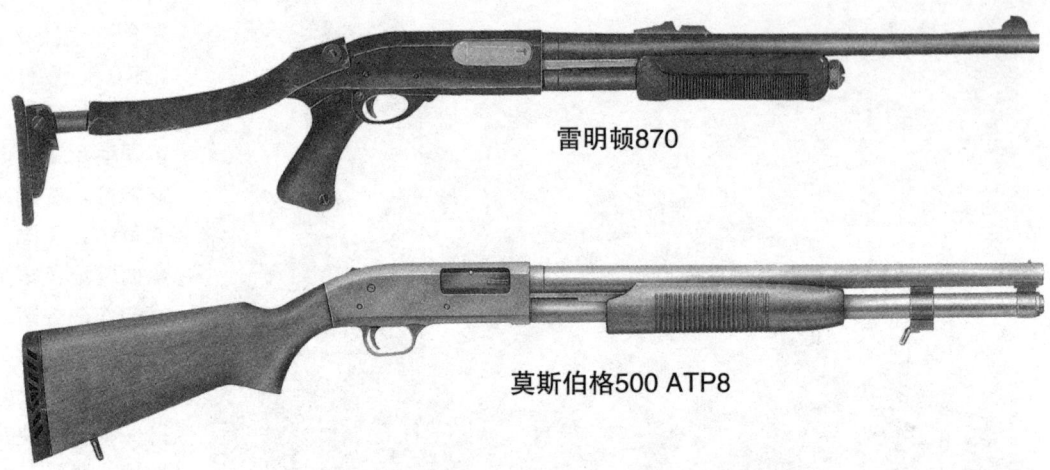

雷明顿870

莫斯伯格500 ATP8

小组使用短管型霰弹枪——14英寸或更短的枪管,并且装有手枪式握把——进行破门。但这种改型霰弹枪更难控制,用于反人员用途时效果较差。许多霰弹枪采用三点悬挂式枪带,这样一旦打掉铰链或门锁后就能将其迅速解脱,改用手枪应对可能出现的嫌犯。

弹药

由于在诸如9毫米×19毫米与0.308英寸等流行的枪管口径中有成百上千种不同弹药可供选择,因此这里只能对人质营救任务选择的弹药进行简单的介绍。关于狙击手和突入小组使用的专用弹药的研究大多集中在两个似乎互相冲突的特征上:能够穿透中间障碍物或防弹背心,但不会过分穿透或产生跳弹危及人质。能够向目标最大程度传递冲击能量的弹药也要合乎不危级人质的要求。

手枪与冲锋枪的特种用途弹药

在专为手枪和冲锋枪研制的特种用途弹药中,兼具停止力、穿透力和易碎性的子弹最受关注。比如,近期刚刚发明的RBCD Plus弹药宣称自己综合了上述三种优秀特征。采用37格令弹头的0.40英寸史密斯·韦森子弹的枪口初速为2550英寸/秒,能够击穿恐怖分子使用的绝大部分软质防弹衣,同时仍然较易碎裂,可向目标释放更多能量。来自同一公司的45格令的0.45英寸ACP环氧树脂空尖弹

（ExpHP）的速度也能达到每秒2550英尺，而28格令的0.357英寸西格（SIG）子弹的枪口初速为2820英尺/秒。

解决如何造成更大停止效果而不必担心过度穿透或出现跳弹的问题的另一种方案是Cor-Bon公司推出的BeeSafe弹药，或者是MagSafe公司和Glaser公司研发的弹药。作为Safety Slug型弹药的最初研发机构，Glaser公司采用将多枚弹丸联在一起的方式，这样在子弹击中目标时具有较大的重量，然后弹丸在伤口内散开，进而释放出能量。BeeSafe和MagSafe公司在这一设计基础上提供了各种不同改型。这种弹药在飞机或其他附带损伤风险较高的环境下尤为适用（如对化工厂或核设施进行突击时）。

防止跳弹

温彻斯特公司和雷明顿公司均可提供易碎型弹药，以便在跳弹可能造成不利影响——如在铁质轮船上——的突击行动中使用。温彻斯特子弹是由钨粉、铜粉与尼龙树脂制成的复合材料，而雷明顿子弹则采用了粉末铁芯材料。两种弹药均具备良好的设计，但在测试温彻斯特子弹的过程中，作者发现，认为"这种子弹容易碎裂，所以在突击行动中无法穿透墙壁"的观点是错误的。因此，在使用这种子弹时仍要小心。

停止力

许多优秀弹药设计厂商能够提供各种结合了精度与高度停止力的子弹供特种武器与战术小组或其他反恐人员使用。在这些最好的手枪弹药中，包括黑山（Black Hill）的镀钼（moly-coated）子弹、联邦公司（Federal，全称为federal premium）的战术手枪子弹、Hornady公司的"终极表现"（Extreme Terminal Performance，XTP）子弹、雷明顿的"金色眼镜蛇"子弹、斯皮尔公司（Speer）的"金点"（Golden Dot）子弹以及温彻斯特的"黄金分割"子弹（Partition Gold）。温彻斯特公司也生产微声武器专用的亚音速弹药。由于采用了亚音速的较重弹头，这些弹药能够保持较好的停止力。

在欧洲专用的反恐弹药中，GECO公司生产的Blitz Action Trauma

（BAT）9毫米×19毫米子弹是最有趣的子弹之一。为了保证在冲锋枪上使用时具有良好的停止力和极高的可靠性，该弹采用了86格令的硬质空尖铜弹头（solid copper hollow point），其弹头空腔中填有一粒黑色塑料小球以增强其可靠性。在弹头射出枪管后，这枚塑料小球就会脱落。作者曾经多次使用过这种子弹，发现其效果良好。德国边境警卫反恐部队（GSG-9）也发现，在射击轮胎时这种子弹比绝大多数9毫米子弹更为有效。

另一种值得一提的手枪子弹是联邦公司或雷明顿公司生产的115格令的9毫米子弹。这种9毫米弹专为执法部门或军队人员设计，具备极佳的停止作用，同时保持了良好的精度。

战术步枪使用的特种弹药

与手枪弹药一样，战术步枪子弹具有许多相互冲突的要求，但是，对狙击手而言，精度要求通常超过其他因素。因此，黑山公司（Black Hill）和联邦公司生产的极为精确的0.308英寸比赛级子弹（match load）得到了人质营救狙击手们的广泛使用。联邦公司还可提供0.223英寸和0.308英寸的系列战术步枪子弹。这些子弹结合了比赛级精度与穿透中间障碍的能力。但作者发现，这些子弹通常不能击中联邦公司同样弹头重量的比赛级弹药的命中点附近。因此，任何使用战术子弹的狙击手都必须对自己使用的狙击步枪进行校枪。但另一个方面，联邦公司的0.308英寸战术子弹在穿透玻璃甚至包括飞机玻璃方面的表现远远优于其他警用子弹。

各厂商对于如何避免战术步枪弹产生跳弹或过度穿透的问题也给予了一定关注。例如，温彻斯特提供了0.223英寸口径的33格令易碎子弹，而联邦公司的Blitz子弹也被设计具有这一特性。这些子弹尤其受到使用0.223英寸口径的M16或AGU步枪的人质营救部队的欢迎。Hornady公司则生产了一种0.223英寸和0.308英寸的警用战术用途子弹（Tactical Application Police，TAP）。这种子弹不易发生过度穿透或跳弹的情况。同时这种子弹也是为了将自身全部能量都传递给目标，以取得最大的杀伤力。

破门弹药

　　特种用途破门或破锁霰弹枪弹药是人质营救小组使用的最为重要的特种用途弹药之一。MK弹道系统公司（MK Ballistic Systems）的"万能钥匙"（Master Key）就是一个很好的实例。该弹采用由优质钢材制成的30格令弹头，速度每秒1560英尺，在击中目标时会变为极细的粉末，因此不易造成伤害人质或突入小组成员的情况。因此，突入小组成员佩戴防护眼镜以免受到此类子弹的伤害是非常重要的。通常只需使用"万能钥匙"子弹射击一次即可打掉木门上的铰链或销栓，但如果是铁门可能需要进行第二次射击。通常，"万能钥匙"子弹在距离销栓3英寸外以90°射击时效果最佳，而对铰链则以30°向上或向下的角度最佳，距离同样为3英寸。另一种比较常见的用于除掉门锁或铰链的子弹是Shok-Lock子弹，警察幽默语中也把它称为"雅芳的呼唤（Avon Calling）"。有些公司提供了一种支架式（stand off）霰弹枪适配器，以便使用特种用途破门弹药。这种"万能钥匙"子弹也可以用于对付车门。

　　但在反人员用途方面，多数特种武器与战术小组或人质营救部队倾向于采用联邦公司的战术霰弹枪弹药，这种弹药后座较小，能够保证快速操作，精度也更高。为了应对截停车辆之类的情况，MK弹道系统公司提供了一些特种用途弹药，如高穿透力子弹（enhanced penetration slug）以及QB子弹（quadrangle buckshot slug方形大号铅弹）。后者对打击电气设备也非常有效，其馅饼形弹头能够将线路撕成碎片。

　　简而言之，人质营救小组使用的弹药旨在对劫持者最大限度地造成停止效果，同时尽量减小对人质的威胁。现代子弹设计使得某些能够出色完成这种双重任务的弹药成为可能。

化学弹药

发射

化学弹药——常常被通称为"催泪瓦斯"——可以使用多种方式发射。标准的12号霰弹枪可以发射12号化学弹药。也有一些榴弹发射器能够加装在12号霰弹枪上,这样就可以借助12号空包弹发射化学榴弹。美国DEFTEC公司、萨格国际(Sage International)、HK以及联邦实验室(Federal Laboratories)等公司均生产专门用于发射此类物质的37/38毫米和40毫米特制化学发射器。M16步枪使用的M203榴弹发射器也可采用37或40毫米规格。

可选类型

在此我们仅对可选的化学弹药类型进行简单介绍。高级材料试验室(Advanced Material Laboratory)和DEFTEC公司能够生产装填有CS或CN溶剂、能够穿透障碍物的12号霰弹枪子弹。高级材料试验室的12号子弹能够精确命中75米外的目标。

37毫米和40毫米榴弹的选择范围更广。高级材料试验室能够制造液态破障榴弹,该弹采用尾翼稳定、液体填充,因此消除了引发火灾的危险。在命中目标时子弹会将其内容物释放出来。DEFTEC公司也能够提供类似的37毫米和40毫米弹药。但也可提供37毫米重型破障榴弹,该弹头部较重,能够穿透厚重的门窗、墙壁以及拖车侧板。这种榴弹可在100码范围内准确射击。但由于其长度大于绝大多数37毫米化学弹,因此该弹必须使用DEFTEC化学发射器发射。同时,这种弹药还有引发二次火灾的危险。

在嫌犯持械拒捕情况下使用最为广泛的化学弹药之一是DEFTEC生产的法瑞特(Ferret)液体充填型破障弹药。这种弹药引发二次火灾的概率极低,同时保持了穿透空心门、窗等的能力。在命中目标时该弹会裂成碎片。法瑞特弹药也可采用充填粉末的设计。DEFTEC 12号弹药既可使用液体填充物，也可使用粉末状填充物。

牵制与干扰装置

牵制装置

牵制装置可以在突入小组攻击劫持者或持械拒捕嫌犯时为前者提供几秒的（时间）优势。这些装置通常会在该区域内产生165和185分贝的噪音、250万至750万烛光的闪光和一定程度的超压。超压通常介于3.0~5.0磅/平方英寸之间，可导致1%的人听力受损。通过刺激瞳孔、导致耳鸣以及制造迷惑，这种组合作用通常会使劫持者和人质迷失方向，从而为突入小组提供进入房间、制服嫌犯或在劫持者伤害人质前将其击毙。人质方向感的丧失也许是一件好事，因为这样可以防止其出现恐慌误入射击范围。同样重要的是，突入小组一定要在牵制装置之后通常是一至两秒内迅速跟进。

有效使用

为了达到最好的效果，牵制装置最好在黑暗的房间中使用，因此才出现了突击行动前切断电源的战术。牵制装置通常在封闭区域内更为有效，因为其效果会被限制在这一区域内。但在以下区域内使用要务必小心，特别是在有婴儿的情况下，因为他们可能会受到超压的伤害，或是在人质有心脏疾病的情况下。同样还要注意的是，儿童更容易由于惊慌而逃离营救小组，结果常常落入劫持者的手中，因此在对学校实施突入行动时，必须慎重使用牵制装置。

牵制装置如果能够恰好在房间内、半空中爆炸效果最好。而如果这种装置落在人体与墙壁之间或是与其他坚固物体之间，则有可能导致严重的伤害甚至死亡。如果这种装置落在小件物品（如在机械商店的各种零件）之间，那么当装置爆炸时，这些小件物品就可能变成四散的弹丸。牵制装置也有可能触发烟雾报警器从而引发大量噪音，如果小组成员没有预料到这一点的话将会分散他们的注意力。

运用

绝大多数突入小组使用的是采取拔销引爆方式的手榴弹。有些则采用多重引爆装置，在爆炸时将副弹药释放出来，这样就能延长并增大效果。另一种常见的牵制装置可以通过12号霰弹枪或37毫米、40毫米发射器发射。还有一种装置为条状，可以从门下塞入引爆。如果突入小组从另一突入点实施突入时，这些条状装置常被作为组合式牵制与干扰装置使用。

其他更为常见的牵制装置还有DEFTEC 25号手榴弹。DEFTEC也生产紧凑型的全爆破100型（Omni Blast100）手榴弹，它可以很方便地放入突击背心口袋。DEFTEC生产的另一型号是15号震撼手榴弹（Stinger Grenade），该弹内有闪光炸药与180颗橡胶球。但由于这些橡胶球具有一定杀伤力，因此该装置通常不会用于人质在场的情况。MK弹道系统公司生产了多种代号为"雷神之锤"（Thor's Hammer）的牵制装置。尼克烟火器材公司（NICO Pyrotechnik）也研制了多种装置，包括一种供那些希望使用多重引爆方式弹药的部队使用的"七响"（seven-bang）装置。

手掷式装置采用杠杆机构，在操作者拔下安全销后供其握持。在装置投入房间以前，重要的是要将其紧紧握住。绝大多数使用牵制装置的部队都会为"掷弹手"提供训练课程，以教会他们如何安全、有效地使用这类装置。

干扰装置

虽然很多人将"牵制装置"与"干扰装置"混为一谈，但后者有时会被定义为一个单独范畴，指的是使用闪光、声响、烟雾或其他手段将劫持者的注意力由突入点移开。

夜视装置

由于许多突入行动是在昏暗的情况下进行的，能够使操作者在黑暗中看得更清的装置将使其具备巨大的优势。与地方警察机构相比，军方人质营救部队通常能够获得更为复杂的夜视装备，除非上述地方机构是担负国家反恐部队职责的联邦调查局人质营救小组或法国国防部下属反恐部队。

可供人质营救行动使用的夜视光学设备主要有两种。

自持式装置

一种是自身具备红外照明系统的夜视镜。这种夜视镜具有可以自持、无须为武器加装特殊装备即可使用的优点，当然，如果能够加装红外瞄准镜，并调校使其适合这件武器，那么能够取得最好的效果。借助这种系统，只要用瞄准点照亮目标并通过红外夜视镜看到瞄准点，操作者即可开枪射击。但在另一方面，夜视镜通常需要进行大量训练才能熟练使用，并且严重影响操作者的视野。例如，美国国内使用最多的两种夜视镜——AN/PVS-5C和AN/PVS-7B——的视野就只有40度。

加挂式装置

加挂在武器上的夜视系统必须求得技术与体积的平衡。作为最常见的夜视光学瞄准具之一，猛禽（Raptor）夜视瞄准具主要供狙击手使用。这种夜视瞄准具能够增强星光、月光或城市灯光，并采用了照明式红色十字瞄准线。

由于夜视光学设备的不断发展，很难对与当前这种设备的发展情况进行详细的说明。但首先一点是，每一代新型瞄准具都能够提供更好的图像增强效果，同时体积也更小。

防护装具

虽然目前仍然无法在不影响行动自由的情况下为突入小组成员提供完全的防弹保护，但通过使用凯夫拉和其他现代防弹材料，可以增大队员在遭到劫持者或持械拒捕嫌犯枪击后的生存概率。这种提供给突入小组成员的防护通常包括防弹头盔和战术防弹背心的组合使用，后者不但包含凯夫拉和陶瓷或金属防弹材料，还包括携带弹药的口袋和腰包。当代许多突击背心中加入了Spectra纤维插板，这种聚乙烯纤维质地极轻，但在重量相同的情况下能够提供10倍于钢材的防护水平。这两种基本装备也可与防弹眼镜、凯夫拉巴拉克拉瓦帽、防弹护裆和防弹护腿一起使用。

防弹背心

最基本的防护装具是防弹背心，因为它能够保护重要器官。许多武装分子会向"重心"即躯干部位射击，因此这个部位的防护非常重要。通常可以根据抵御不同子弹威胁的能力对防弹背心进行分级。例如，许多巡警穿在制服下面的相对较轻的凯夫拉背心被分类为可以抵御诸如9毫米×19毫米手枪弹。这种背心通常被定义为防护水平2级或2A级。而突击背心必须能够抵御步枪口径子弹。这类背心被定义为防护水平3A级或4级（装有插板）。

一个很好的例子是可以抵御5.56毫米北约子弹的FN突击背心。其防弹材料包括24层凯夫拉纤维和一块6.5毫米厚的钢板。FN背心被定义为能够抵御7.62毫米×39毫米子弹，此时凯夫拉纤维的层数不变，但只需使用5毫米厚的钢板。不过，即使突击背心阻止了子弹的进一步穿透，步枪子弹仍会导致严重的钝挫伤，因此，许多防弹背心会在内侧加装某种减缓创伤的结构。通常，如果某位突入小组成员受到致命枪伤，那么往往是由于子弹命中了防护装置的某处缝隙，如腋下位置。因此，防弹背心的穿着至关重要，必须小心确保陶瓷或金属片没有偏离各自的正确位置。

防弹突击背心具备的其他特点包括：Nomex防火外壳、供无线电装置连线使用的预制开口、背心前方的维克罗识别标签（velcro，即我们常说的魔术贴）、防弹衣领和护裆，以及不同的颜色。注意，识别标签在某些情况下非常重要，因为当人们在肃清建筑相互遭遇时，能够马上识别出对方是执法人员。

> 关于防弹背心的一件趣闻是，与警员一样，特种武器与战术小组的警犬也配有防弹背心。

头盔

排在防弹背心之后的最为重要的防弹设备就是头盔。但突入小组使用的头盔不但要能提供防弹保护，还要能使用夜视镜或防毒面具以及无线电设备。防弹面罩也能与绝大多数防弹头盔配套使用。防弹头盔的一个很好的例子是Protech公司的三角洲部队版头盔，该盔由Spectra化合物制成，能够抵御9毫米×19毫米子弹。

其他防护装备

队员们使用的其他突击防护装备包括：索降时用以保护手部的手套，或是供操作干扰装置的队员使用的含有Nomex纤维的手套。许多队员也会穿戴护肘与护膝，以防在实施强行突入时被门框、窗框、家具或其他物品撞伤。有些小组则使用摩托车手的那种衬垫内衣。如果发生火灾的危险比较大，也有可能穿着Nomex头套或其他Nomex服装。选择靴子通常是为了给脚部提供保护，同时在索降或攀登时便于行动。某些小组会穿着底部装有金属插板的靴子，以免自己的脚在踩中尖利的陷阱或是其他锐器时受伤。

防弹盾牌

其他在突入行动中较为重要的防弹设备包括防护盾牌（body bunker）或防弹盾牌。防弹盾牌的作用是提供一面便于携带、同时带有观察窗的防弹墙。它通常由进门的第一名队员携带，因为此时最有可能突然遭遇武装嫌犯。许多盾牌还装有照明灯具，能够在前锋队员进屋时照亮房间。最轻便的防弹盾牌重量介于14～18磅之间，能够抵御9毫米×19毫米子弹的打击；但更重的盾牌如PROTECH的北约高防护等级盾牌能够抵挡7.62毫米×39毫米子弹。在英国，国家塑料盾牌（the National Plastics Shield）被警方突入小组广泛使用。如果需要更好的防护效果，可以使用PROTECH的"凤凰四型"（Phoenix IV）盾牌，它甚至可以防护穿甲子弹。但由于过于沉重，这种盾牌只能安装在滚轮上面。

突入小组成员必须训练在使用盾牌的同时进行射击的技术，因为只有通过大量训练才能具备在观察盾牌周围情况的同时记录自己的射击命中率的能力。由于需要躲在盾牌后面，突入过程中使用防弹盾牌的队员的速度也会变慢。同样重要的是，应当不断提醒小组成员：盾牌不能抵御来自上方的威胁。

突入工具

突入小组学到的优先规则之一就是在破门之前检查门的状况。要知道，它们常常根本没有上锁！但考虑到经常需要实施强行突入，因此，人质营救小组的成员拥有多种方式可供选择，其中既有人力工具，也有机械工具。

人力工具具有破门之前噪音较小、费用较低以及便于携带的优点。

机械工具的优点则是能够对坚固的门窗施加较大的力量。

突入行动也可借助爆炸装置，这种方法将在后面讨论。

门

一般来说，门可以分为两类：内开型和外开型。内开型门通常使用破门槌对付，而外开型门则往往使用撬棍或其他劈砍工具处理。有些特种武器与战术小组使用一种一般介于3～4英尺长、25～50磅重的破门槌对付内开型门，而用消防员用的破拆工具——包括一柄尖斧和一根撬棍——对付外开型门。破门槌必须保持平衡，这样一名队员才能对门施加足够的力量将其迅速撞开。它们也不能过长，以便在狭小空间内使用。但绝大多数战术小组或特种武器与战术小组的"破门队员"通常是身材高大肌肉发达的队员。这里介绍一下B-SAFE公司生产的 SupRam破门槌，这种槌专为狭小空间内使用而设计。虽然只有30英寸长、35磅重，但它却能够产生19000尺磅的动能。B-SAFE公司生产的更大的SupRam破门槌长度为40英寸，重量为50磅，可以产生26000尺磅的动能力。通常会使用特制的背包来携带这些突入工具。

突入工具包

为突入小组提供装备的公司常常会提供突入工具包，里面可能包括：破门槌、撬棍、铰链锤以及断线钳。一种具有多项功能、在突入小组中极为流行的撬棍被称为"多用工具"。这种通常一面是镐、另一面是片状刃口的多用工具就像是突入工具中的"瑞士军刀"。许多突入小组使用的另一种工具是B-SAFE 的全侧柱式扩张器（Omni Jamb Spreader），这是一种能够安静地将紧闭的门缝撑开从而打开内开门的液压千斤顶。对于更重、更坚固的门，可以使用更强大的工具，其中，"液压力-3型"（Hydra-Force Ⅲ）结构紧凑，同时可以产生每平方英寸10000磅的压力。赫斯特突入系统（Hurst Entry Systems）公司则能够生产多种使用（机械）动力的突入工具，可以将其接入电力、燃油或人力操作的能源系统。其中最有用的是"小牛"（Maverick）扩张器，它的重量为38磅，可以用于使用动力进行的挤压、拖曳或切割。

栅栏与护栏

突入小组有时会遇到被栅栏或护栏重重包围的场所，此时可以使用安装和固定在车辆上的破坏钩（breaching hooks）将栅栏或护栏扯松。这在劫持者故意设置此类障碍的情况下十分有用，而且发生在珠宝店、枪店、银行或者其他需要考虑安全因素的商业建筑中的人质事件中也常常会出现护栏或栅栏。

篱笆

另外一种严格说来并不用于突入行动却十分有趣的装置是战术与生存专业技能公司（Tactical and Survival Specialities，Inc）生产的战术篱笆攀登器（Tactical Fence Climber）。由于即使身体非常强壮，营救小组人员也无法在身穿40磅或者更重的防护装具（body armor）和突击装备、同时携带一根破门槌或是长枪的情况下灵活地翻越篱笆，因此，基于这样的前提，攀登器采用了V型结构，并对V型结构每条腿的顶端加以延长。在将这件装置插入篱笆的链条缝隙之后，突入小组成员就能找到踏脚的地方，以便翻越篱笆。

利用现有建筑

无论使用何种突入工具，只有经过不断训练操作人员才能愈发熟练。因此，如果突入小组能够与负责爆破拆除房屋的建筑公司联系，安排自己在即将爆破拆除的建筑中训练，那么将会大有裨益。通常，如果某栋房屋注定要被拆除，那么在这栋房子里破拆门窗就不是什么问题。许多工业建筑中也会有一些可以对突入小组构成挑战的重型门。这样的建筑在练习其他技能时也非常有用。例如，可以将昏暗情况下房间肃清技能的练习与破门、撬门练习结合起来。

爆破突入器材

无论是因为速度——可能此时最佳突入点是穿过墙壁——还是因为门被重重加固，都有必要采用爆破突入的方式。爆破突入炸药最有效的放置位置为：

- 木门

- 铁门

- 栅栏门，如监狱

- 窗户

- 玻璃门

- 内墙

- 在墙或门上制造射击口

- 砖石墙，以及

- 铁皮墙

突入炸药

某些机构——特别是承担人质营救任务的军方特种作战部队——拥有自己的爆炸物专家，能够制作专用突入炸药。但也有一些专门用于爆炸突入的民用炸药可供执法部门或军队机构使用。其中包括特制的破门炸药，这种炸药将导爆索固定在用软性泡沫塑料制成的可调式框架上。炸药可以固定在铰链上炸开大门，或是固定在某个区域周围以炸出洞口——例如在墙上炸出射击孔。在最易使用的爆炸物中，有一种叫作Foamex（泡沫炸药）的炸药可以装在喷雾罐中使用。

人形炸药

许多突入小组也会使用一种被称为"人形炸药"的爆炸装置，就是将导爆索缠在标准人形射击靶的边缘。这种事先装配或临时装配的炸药可以放在爆炸突入的预定位置引爆。虽然爆炸物突入技术人员也熟悉安全信管或定时信管，但通常以电雷管形式引爆。炸药会接在某种引爆器上。美国军方与警方常常使用大刀起爆装置（Claymore Firing Device）。突入小组可以使用各种炸药，但C4通常被认为是最管用的一种炸药。

水压炸药

许多小组喜欢使用被称为"水压炸药"的装置。这种突入装置将一个盛水容器与导爆索结合在一起，使用方式为挂在门上或墙上引爆。由于限制了爆炸冲击和碎片，这种炸药更有利于突入小组在爆炸后迅速跟进。

窗框炸药

另一种特制炸药是窗框炸药。与破门炸药不同，这种炸药的目的是将窗框向内炸掉。因此，这种炸药没有使用导爆索，而是使用了压扁的TNT炸药。

显然，爆破式突入在人质营救中具有重要的作用，但爆炸物的使用是一项高度专业的技能。任何一支小组都不应该在缺乏训练有素的专业人员时实施爆破突入。至少在一些美国特种武器与战术小组中，炸弹小组处于与特种武器与战术小组同一指挥层级，一名或多名排弹专家负责运用自己的专业技能处理可能需要实施爆破突入的情况。其他小组则派出一名或多名队员接受爆破突入训练。

战术观察与情报搜集设备

弄清现场内部劫持者在做什么、他们和人质的位置有助于突入小组制订最为有效的计划。这些信息可以通过各种途径加以搜集。

麦克风

高灵敏度麦克风可以放在空调或供热管道内、插入通风管道中，或是放入专门钻出的小孔里。对于锁孔之类极其狭小的空间，可以使用真空管麦克风。如果能够在某一场所布设多个麦克风，就可以借助劫持者或人质交谈声音的强弱确定他们的位置。在突入小组成员能够渗入与劫持者所在地点相邻的房屋或办公室时，也可使用电子听诊器。在最佳条件下，也可使用能够从窗户玻璃上监听声音信号的抛物面反射式传声器（parabolic microphone）或激光定向传声器（laser microphone）。

光纤

行动也可能用到视频系统。显微外科使用的纤细的光纤镜可以穿过小孔或通风口。许多突入小组现在广泛采用了被称为SWAT摄像机的装置。这是一种固定在长杆顶端的摄像机，能够通过伸缩显示门窗后的图像，图像被显示在摄像机握把上方的一块屏幕上。SWAT摄像机使得突入小组能够在不暴露自己的情况下对房间进行检查，从而在进入房间之前确定战术形势，这样既减小了自身的危险，也减小了人质的危险。SWAT摄像机的"低技术"版本是折叠式检查镜，能够伸入房间进行检查。许多突入小组中的前锋队员装备有这种检查镜。另一种有用的视频设备是与柳波德（Leupold）战术步枪瞄准镜组合使用的相机。这种相机可以让突入小组人员或者指挥人员看到狙击手看到的情况。

雷达

依托美国休斯导弹系统公司的研究成果，突入营救部队现在有了一种紧凑型的运动探测雷达（Motion Detection Radar）——MDR-1型雷达。这种装备重量仅有16磅，电池可持续供电10个小时，能够透过非金属墙壁探测到室内的运动。MDR-1雷达在开阔地的探测范围可达200英尺，但在"透视"墙壁时，墙壁的成分和厚度会影响探测结果。例如，MDR-1雷达可以在15英尺外探测到3英尺厚的水泥砖后面的动静。在劫持者和人质在房间或建筑内的位置不明的情况下，MDR-1雷达具有重要价值。例如，在发动爆破突入之前，可以确定室内哪些地方有可能遭遇威胁，以及人质是否会受到墙壁、门窗爆破的影响。MDR-1雷达也有助于确定突入和使用牵制装置的最佳地点。

其他个人装备

携行具与装备袋

在行动过程中，人质营救小组成员在必须便于移动与必须使用专用装备之间保持平衡。因此，他的突击背心和其他包袋中携带了各种有用装备。现有突击背心通常设计为包括防弹衣在内，但也有一些背心被设计为穿在防弹衣外。绝大多数背心被设计成模块化形式，这样每名队员都可以携带适合各自任务的装备。例如，可以加挂霰弹枪、冲锋枪或步枪使用的弹匣包。背心上还有无线电携行具。背心上可能携带的其他装备包括：手枪、震荡手榴弹、急救包、手铐或塑料手铐、战术匕首和防毒面具。

匕首

值得一提的还有匕首，无论是解开被捆的人质还是处理各种突发情况，这都是一种非常有用的工具。实际上，许多突入小组成员会携带一把小型应用匕首或工具，如瑞士军刀、莱瑟曼多用刀，或是SOG工具刀（SOG Tool Clip），再加一把刀刃长度4~6英寸的较大的应用匕首，用来完成更艰巨的切割工作。本书作者则在战术背心上佩戴了一把定制匕首。这种匕首被命名为"战术突入工具"。它既有锋利的刀刃，也有坚固的钝尖，前者用于切割，后者可以撬、别。它也被设计用来完成电线剥皮或其他任务。

枪套、锁具与腰带

许多突入小组并不将手枪挂在战术背心上，而是将其装在特种空勤团式的腿部手枪套中，这样就能将其佩戴于大腿下方的位置。这样不但能防止手枪与战术背心刮蹭，而且更便于在卧倒、索降等情况下拔枪。许多人质营救小组会要求每位队员穿戴索降锁具、腰带，或装有8号下降器或挂钩的战术背心，这样队员可以迅速挂好锁具准备乘直升机机降或索降进入某一场所。无论是装配在背心上还是单独使用，用来连接绳索与固定点、下降装置与索降人员的8号下降器（一种用于索降、提供保护的摩擦装置）和挂钩（一种椭圆形或D型弹簧扣环）对于任何通过绳索实施突入行动的小组来说都是非常重要的装备。许多小组还会使用装有一个或多个D型扣环的索降坐式锁具。索降用绳的选择也非常重要。许多人质营救小组认为编织绳索是最好的选择。这种绳索以成股的尼龙纤维为芯，外面则是疏松的编织层。

梯子

小组通常会获得其他攀登辅助手段，包括各种梯子。有些小组甚至拥有底部或顶部装有梯子的卡车，能够迅速驶近现场，使小组人员能够快速攀登。爪钩也非常重要。

防毒面具

作为使用瓦斯或牵制装置时的一种防护手段，人质营救小组的每名队员都配有防毒面具。在美国，最常见的或许是美国军用M17A1型防毒面具，这种防毒面具具有许多优点：3种尺寸，滤毒罐位于面颊、便于通过镜片观察武器瞄准具，能够兼容矫正视力者佩戴的镜片，可以抵御多种物质，其包装袋便于加挂在包带或腰带上。英国广泛使用的是SF10型防毒面具。这种防毒面具可以安装氧气罐，供队员在必要情况下游泳时使用。

装甲车辆

根据预算情况的不同，人质营救小组可能会获得用于突入的特制装甲车辆、携带各种装备的厢式货车、小艇、潜水装备以及直升机。通常，装备越复杂，小组需要投入的训练时间就越多。虽然装备很重要，但小组的选拔与训练更重要。

> **实例**
>
> 英国特种空勤团为我们提供了很好的范例。在首次受领反恐任务的时候，该团几乎没有任何专用装备。但是它拥有一批训练有素、擅于发挥的人员。借助试验与训练——当然也有许多专用装备——特种空勤团在许多人眼中成为世界最好的人质营救部队。

7

秘密或隐蔽突入与强行突入

虽然前面几章已经提到秘密突入与强行突入，但仍有必要对这两种突入类型进行进一步的说明。

我们应当明白,突然性是这两种突入类型的关键因素。在秘密或隐蔽突入中,突然性是通过静默与伪装,或许还有欺骗而实现的,这样营救小组就能够潜行到劫持者身边而不被其发觉。而强行突入则通过速度、噪音和行动震慑劫持者,使其惊慌失措。在各种采用秘密突入的情况下,都必须提前拟制计划,以便在突入受挫的情况下迅速转为强行突入,因为一旦人质面临危险,速度因素就会优于其他因素,当然,突入小组和人质的安全仍然是最重要的。

秘密突入

特洛伊木马

一种非常有效的秘密突入形式就是我们常说的"特洛伊木马",即在劫持者并未意识到来人真实身份的情况下派遣营救人员进入现场。例如,联邦快递或其他送货卡车可用于将营救小组人员送至住宅或办公室的门口。长条状包裹实际上也是冲锋枪的绝妙伪装。"特洛伊木马"在劫机事件中得到了有效运用,它能够将营救小组人员伪装成维修人员或是派来替换的机组人员进入现场。实际上,特种空勤团安排其人员在飞行模拟器上训练驾驶英国航空公司使用的主要客机和其他货机,这样在必要的情况下,他们可以派出正驾驶或副驾驶,至少能够逼真地做出起飞准备动作。许多国家的人质营救部门在自己的人员中训练飞行员,通过模拟器训练,这些人至少能够使飞机在跑道上滑跑。但更有可能的是，渗透营救人员会伪装成机务人员。

> **实例**
>
> 也许最经典的"特洛伊木马"——尽管只是整个欺骗计划的一部分——出现在以色列在恩德培机场实施的营救行动中。借助一辆与乌干达总统阿明的座车类似的梅塞德斯轿车和一位假阿明总统，伪装成随从和警卫的以色列人靠近了帮助守卫机场的乌干达军队。由于害怕自己的领导人，在"总统专车"靠近时卫兵们有段时间一动也不敢动，从而为以色列人提供了优势。当然，一旦开始射击，营救就马上变成了强攻。

在秘密或隐蔽接近人质地点时，有一些基本的原则必须遵守。第一，在开始接近目标之前就要订好计划和备选路线。此外还要牢记，许多美国军方人质营救部队使用的两个缩略词：

第一个词是 BLISS，在接近过程中有效伪装的5条原则。

- B 代表融入周围的环境
- L 代表模糊自己的轮廓
- I 代表打乱自己的外形
- S 代表生存性（即：带上自己在行动中需要的物品）
- S 代表隐蔽性（即：从最出人意料的位置接近对方）

COCOA 是另一个关于战术运动基本原则的缩略词。

- C 代表掩护与隐蔽
- O 代表观察
- C 代表重要地形
- O 代表障碍物

上图：一支美国陆军人质营救小组正在演练从房顶渗入某一建筑。房顶突入的优点在于可以借助扶梯、直升机或邻近建筑实施秘密进入。

右图：一名队员移动穿过林地。在试图遏制嫌犯或发动营救行动时，对现场应当进行仔细评估，这种评估应当含有关于潜在障碍物或隐藏区域的注记。（除非另有说明，本书第134至148页之间所有图片均为作者的私人收藏。）

7 秘密或隐蔽突入与强行突入 | 135

本页图：人质营救人员佩戴防毒面具进行训练。瓦斯已被证明能够非常有效地迫使嫌犯逃离建筑，但同时也限制了突入小组的视野。佩戴防毒面具射击是人质营救训练的一项重要内容。

上图：正如这支来自肯尼迪航天中心的小组展示的那样，人质小组可以通过多种方式进入现场。这艘汽艇被用于巡查中心附近的地形；船上配属的特种武器与战术小组队员帮助驱离闯入者。（肯尼迪航天中心）

左图：警方突入小组的队员以及（右边）来自同一小组的狙击手。在对现场进行突击时，狙击手与突入小组的通信至关重要。狙击手可能受命掩护突入小组接近，向其指示目标，或者观察和消灭隐藏的嫌犯。

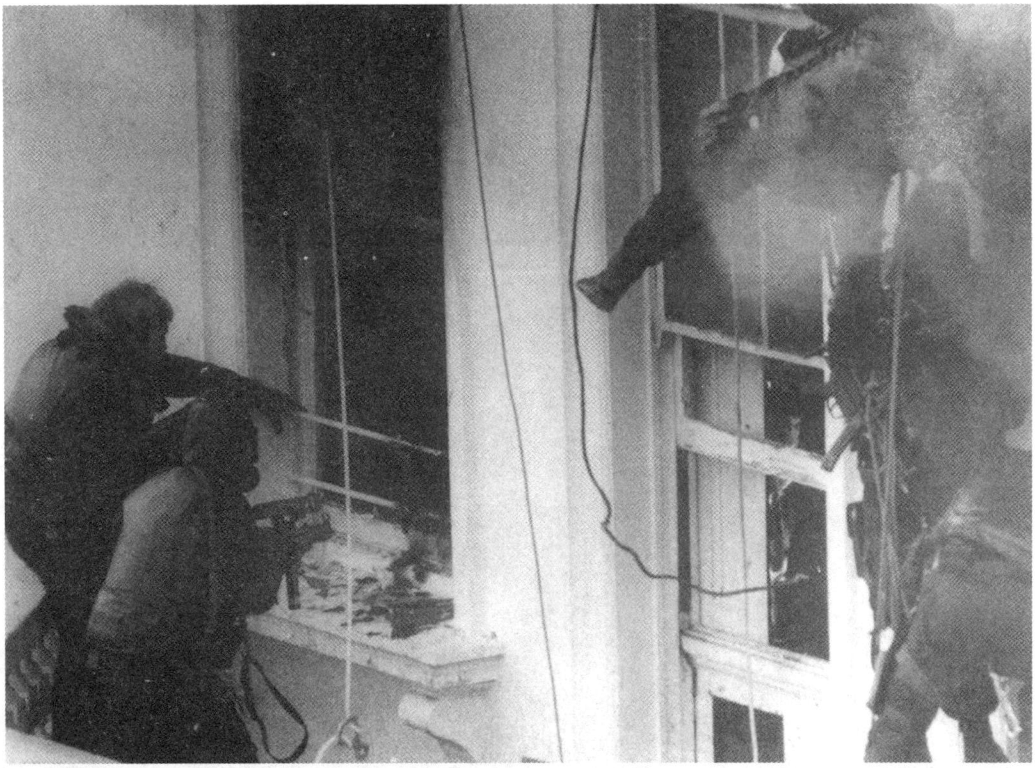

上图：1980年4月30日在"王子门"事件突击行动中，特种空勤团队员采用多种从多个地点进入伊朗大使馆。这次人质事件使得特种空勤团——以及人质营救技能——开始受到广泛关注。（第22特种空勤团）

右图：直升机快速索降或坐式垂降/滑降常常是人质营救小组采取的最快的进入方式。为此专门定制了使用这种方法的装备，如锁具、腿部手枪套、8号下降器等。

右图：在田纳西州孟菲斯举行的"特种武器与战术小组综合赛"将疏散技能列为比赛内容。（丹·米尼）

下图：一名匈牙利国家警察反恐部队队员在"特种武器与战术小组综合赛"演练坐式垂降。（丹·米尼）

7 秘密或隐蔽突入与强行突入 | 139

左图：两名来自美国陆军的突入小组队员准备演练房屋肃清。两人装备有一支贝雷塔手枪（右侧队员）和一支MP5冲锋枪。

左图：一支5人突入小组准备实施突击。注意，在进入现场之前，领队队员正在利用手势进行倒数计时。第二名队员配备了MP5冲锋枪。

右图：作为一支被许多人认为是世界最佳的狙击步枪，精度国际公司的PM狙击步枪——其在英军中的编号为L96A1——能够让绝大多数战术射手最大限度地发挥自己的水平。

下图：作者的霰弹枪技术公司雷明顿870型霰弹枪经过了收口处理，因此可以用于人质事件中向（嫌犯）头部射击。但标准型霰弹枪通常不够精确，无法用于此类用途。

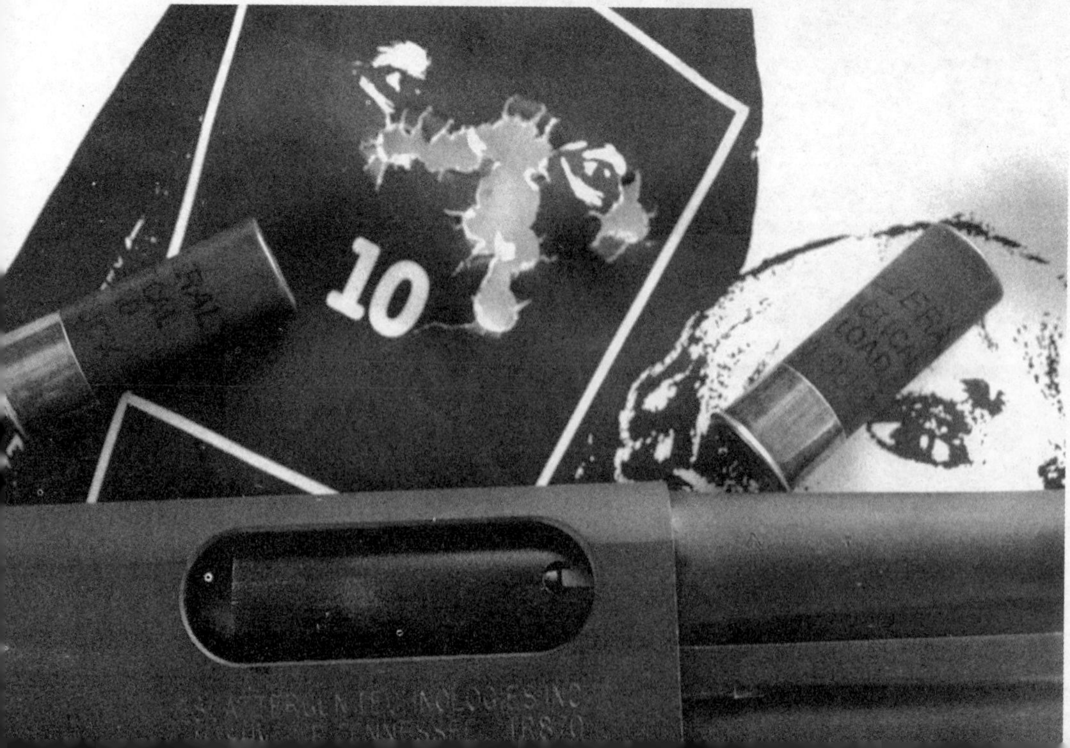

左图：人质营救部队人员必须训练在人质与劫持者相距很近的情况下开枪射击。

下图：狙击手需要利用一切可用的掩护手段占领射击位置。在本图中，则是利用了湖岸的掩护。在城市环境下，狙击手可能会将射击位置选在距目标100至200码的范围内。

上图：由于突入开始前电源常常会被切断，因此队员们通常会在自己的武器上加装战术灯。

右图：射击技能是人质营救训练中的重要内容。本图中的手枪是格洛克20型半自动手枪。

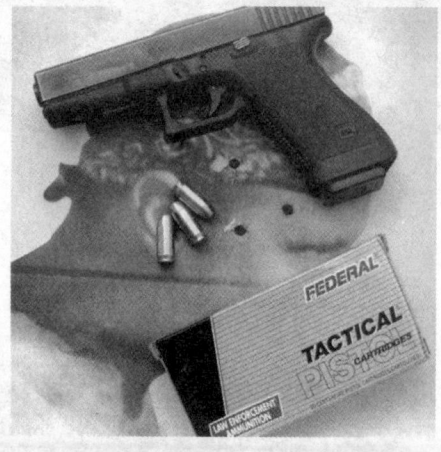

左图：震荡手榴弹是营救小组使用的一种重要干扰手段。这种武器在（处置）1977年10月恐怖分子攻击一架德国汉莎航空喷气式飞机事件时得到了极为成功的运用。通过将所有恐怖分子吸引到飞机前部，德国边境警卫反恐部队成功营救了机上所有人质。

左图：真实的训练可以在这种轮胎房中持续实施。在本例中，必须采用头部射击的方法消灭一名手中紧握爆炸装置起爆器并且受到同伙保护的"恐怖分子"。

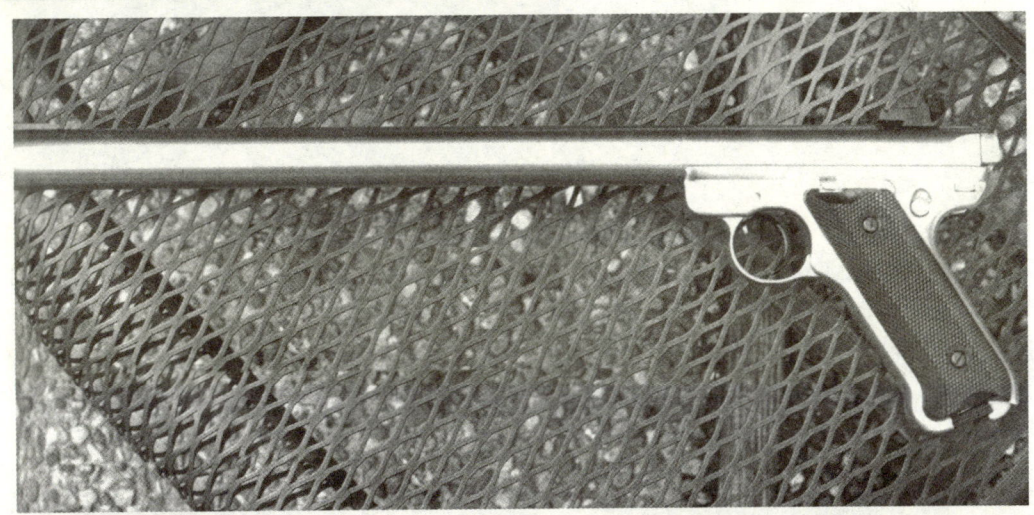

上图：一支微声手枪对于秘密接近过程中打灭灯光非常有效。许多人质营救小组都会装备至少一支微声手枪。

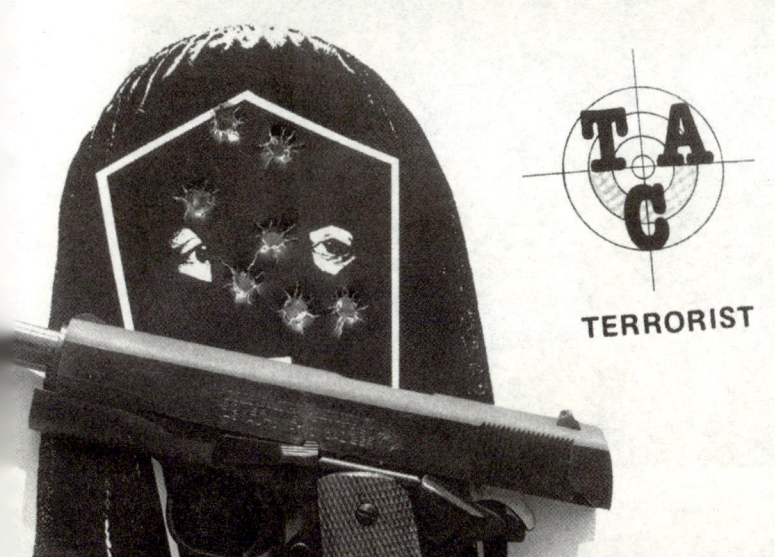

左图：对许多美国人质营救部队而言，各种型号的柯尔特政府型自动手枪是一种非常普遍的选择。通过对枪型进行定制，可以获得更好的瞄准具、扳机引力和准确度。

下图：MP5SD型冲锋枪具有很强的多用性，既可用于必须尽量保持安静的情况，也可用于枪口焰有可能造成问题的场合，如充满毒气或化学品的环境。

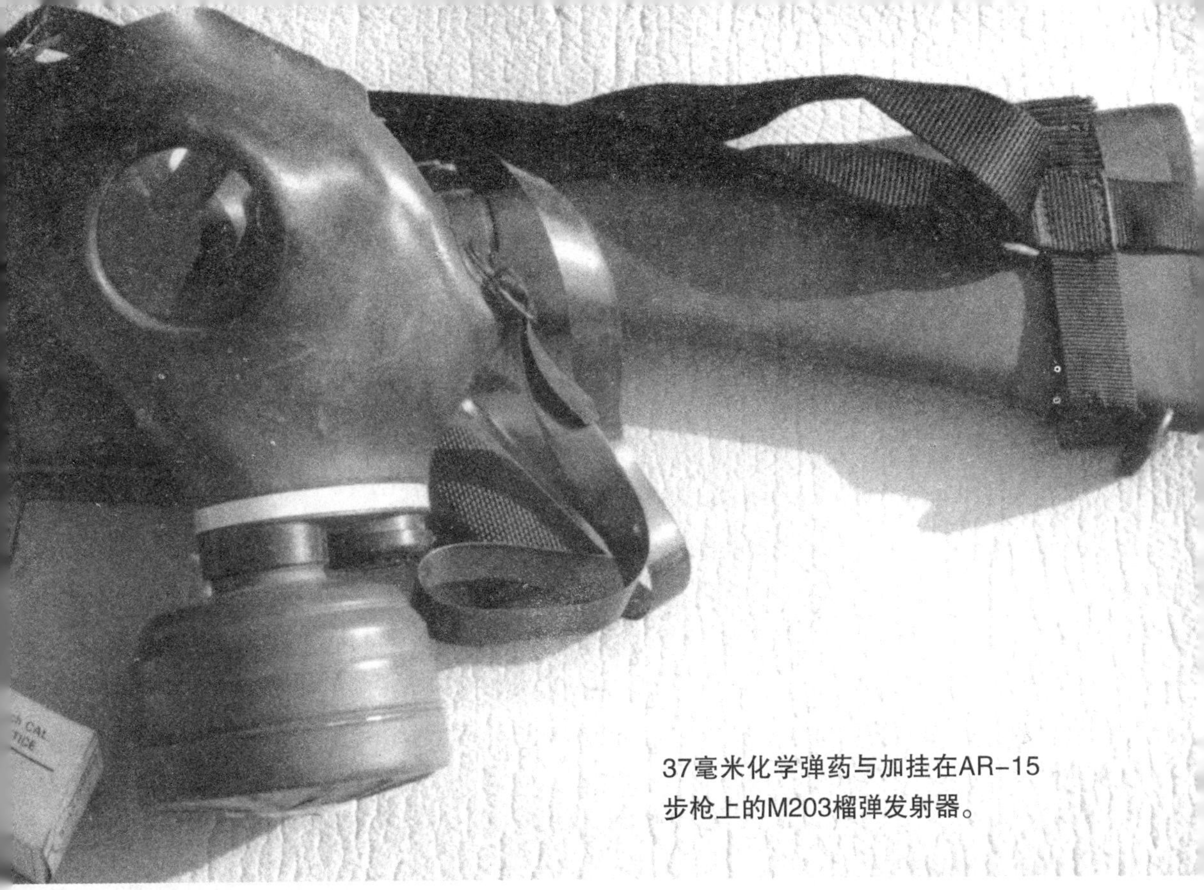

37毫米化学弹药与加挂在AR-15步枪上的M203榴弹发射器。

下图：Robar公司QR2-F定制型雷明顿700折叠枪托狙击步枪虽然结构紧凑但仍然非常准确。这种狙击步枪在狙击手需要潜入某个位置时极为有用。该枪采用的伪装色是专为城市环境使用而设计的。

本页图：作者指导美国陆军人员训练从前面对大型客车实施突击的技能。在首先进入客车的人中，至少应安排一人负责从车前或从驾驶员侧面的窗户瞄准司机。后面这种位置也可使他控制车门开关。

7 秘密或隐蔽突入与强行突入 | 147

本页图：营救小组演练从大型客车后面实施突击。对肃清小组而言，从后面进入的优势在于前进过程中能够俯视每个乘客座椅，任何枪手必须转身才能面对他们，这就会让他们变得更加脆弱。两名掩护队员各负责走廊一边，避免出现交叉火力。

上图：对公共运输类大型客车进行突击的外部情景。通常使用5至10人的小组。实际登车队员至少4名，2名负责掩护乘客，2名沿走廊移动搜索武器与嫌犯。

右图：对于海上营救，相关人员需要进行直接跳入水中的"湿式跳伞"训练。在实施海上行动突击船只或搜集情报时，受过严格训练的潜水员与战斗蛙人能够适应浑浊的水域。

- A 代表接近与脱离的路线

接近

在向现场前进的时候，小组应当移动、停止、倾听、观察、再次移动。缓慢而精确的移动能够使营救小组成员尽可能安静地接近目标。注意前方可能发出声响的障碍物（如可能折断的树枝、可能踢到的石块）。由于声响是最有可能使秘密接近行动暴露的因素之一，因此必须注意保持安静。如果接近行动遭遇失败，那么常常是因为现场某位高级官员对营救战术不熟、无线电未关或是试图与营救小组一起接近现场以捞取名誉。有一种战术能够防止劫持者听到营救小组接近的声音，即：增大现场的环境噪音水平。

> **实例** 在发生在伦敦的"王子门"事件中，飞往希思罗机场的航班都根据航空管制员的命令略微降低了高度，以便提高噪音水平。在另一个案例中，为了从红色旅手中营救多齐尔将军，意大利警方使用了筑路设备以增大噪音水平。当在墙壁、门窗上使用扶梯、钩子和其他金属装备时应当加上静音衬垫。

隐蔽

如果小组在接近过程中被对方看到，那么行动也有可能受挫。认真选择掩护与隐蔽点、使小组成员能够融入阴影当中是非常重要的。甚至可以通过选择性地熄灭现场周围某些灯光或是调整聚光灯的方向来实现。

小组成员可以采用接近地面的低姿或高姿匍匐姿势，这样能够更为有效地隐藏自己的轮廓。在被迫穿越开阔地时，可以将匍匐与跃进结合起来，每次的暴露时间不超过3至5秒。一名队员穿越开阔地形时，另一名队员应当为其提供掩护。同时，在开阔地形运动时，应当在移动开始前找好下一掩护。在跃进动作时，如果队员已经开火，就应当首先向左或向右翻滚然后再做跃进，这样对方才无法判断你会在何处出现。如果队员的位置可以隐蔽但缺少掩护，那么该队员不得向劫持者开枪以免招致对方的火力。

在隐蔽接近的过程中，随时注意自己的背景是至关重要的。紧贴白色墙壁站立的营救人员最容易凸显身形。不要使用灯光，因此在漆黑的夜里或者通过隧道或其他突入点时，可能需要使用夜视仪（在城市区域，建筑维修管道可以用来接近某栋建筑）。与现场内外的物体发生碰擦会产生噪音。因此，合适的着装非常重要。尽可能与能够用作掩护或隐蔽手段的建筑物融为一体。特别要当心枪管或脚突出在外导致自己暴露。当处于建筑拐角或门廊拐角内侧时尤其容易发生这样的情况（见图7.1）。在窥视墙角另一边的情况时，首先从下方探视，因为（对方）观察情况的人最有可能盯着头部高度的情况。同时，仓促射击往往会偏高，加上对方往往在观察高处，因此如果遭遇到枪手的话，这样的观察方式会更加安全。

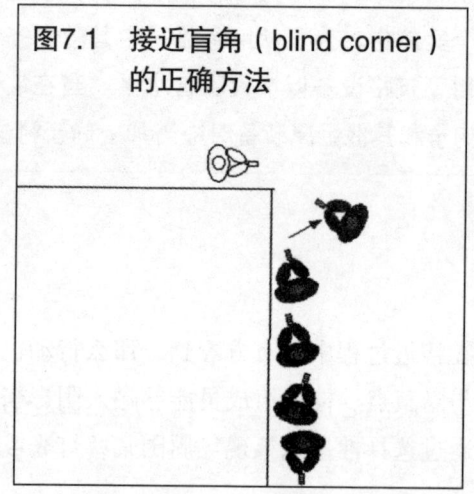

图7.1　接近盲角（blind corner）的正确方法

"有限突入"

在秘密突入中，营救小组可能会采取所谓的"有限突入法"，而不是完全的房间突入法。在使用这种方法时，小组成员会在随时准备射击的前提下对某个房间进行快速目视检查，但小组并不进入这一房间。

> 其中一种这样的方法被称为"以色列式有限突入法",其做法是:两名突入队员躲在门边向室内观察,只露出自己的头部和持有武器的手。但需要注意的是,在美国的许多建筑中,营救人员借以隐蔽的墙壁并不能为他们提供掩护,因为劫持者可能会直接射穿门边的墙壁。这种方法主要在以色列使用,因为那里的建筑大多使用砖块建造。以色列人使用这一方法的另一个原因是,他们遭遇的许多恐怖分子都使用手榴弹。这种方法基于这样的假设,即:其中一名射手能够在恐怖分子投出手榴弹之前将其击毙。但在这种情况下,处于室外显然更加安全。

伪装

为了能够在接近行动中融入环境,特别是在夜间,应当选择可以与阴影的灰黑色融为一体的颜色。专用的城市伪装可以用于此类目的。另外,还要注意铮亮的皮靴、眼镜或是其他发亮物体的反光。在开始接近行动之前,除了对声响情况进行跳跃测试以外,还要对每名队员的反光情况进行快速检查。

建筑的内部

在隐蔽突入某栋建筑后,应当更加注意保持肃静,避免暴露营救小组的存在。例如,在移动时一定要牢记:如果自己暂时挡住了灯光,那么对方可能在门下看到自己的身影。铺有地毯的建筑要优于铺有瓷砖或木质地板的建筑,因为地毯能够消除声响。

通过门锁

在隐蔽突入中,极有可能必须通过多个门锁。首先,检查门是否真的上锁。有可能它们并未锁好。也有可能——特别是在商业或工业建筑中——能够找到持有钥匙的人。虽然国家反恐小组如联邦调查局人质营救小组、三角洲部队、特种空勤团和德国边境警卫反恐部队可能接受过撬锁训练，但撬锁通常需要耗费大量时间。经验丰富的突入小组发明了通过绝大多数门锁的方法。比如，球形门锁通常可以使用滑动式扁口钳打开，当然这会有些噪音。在某些建筑中，人们并不对门下手，而是将铝制侧板撬开，只留隔热板和墙板供突入小组进入。

> 根据许多美国特种武器与战术小组的经验，绝大多数房屋的后门比前门脆弱。

由上方进入

如果需要从多层建筑的上层进入时，可能会用到扶梯，但对于超过一定层数的更高建筑，就要借助消防设备或是"车载升降台"——一种起重臂前端装有吊篮的设备，许多建筑公司都会用到——才能顺利行动。但在使用这种设备时，必须保证建筑的某一面劫持者无法看到。营救小组也可直接通过直升机机降或索降到建筑顶部。但如果这种方法被用于隐蔽进入，那么直升机应当已经在现场附近持续飞行了一段时间，这样接近行动才不会引起怀疑。

强行突入

任何秘密突入行动都存在接近行动随时暴露的可能。如果秘密小组已经进入建筑、接近了目标，他们可以在行动暴露后马上转入强行突入。但标准行动程序是在营救部队到达现场后，组建一支随时准备实施强行突入的"强攻小组"。

强攻小组战术

强攻小组最初的计划通常非常简单，只能基于关于现场、劫持者或人质的简单情报。通常，只有在如果不立即发动突击所有或多名人质将被杀伤的情况下"强攻小组"才会被派出。随着事件的发展，"强攻小组"会制订出更为复杂的计划，同时随时准备在需要的情况下实施立刻突入。有一个与特种空勤团（SAS）名称缩写一样的词对"强攻小组"实施行动时的战术进行了概括：

- S 代表速度
- A 代表攻击性
- S 代表突然性

同样的战术也适用于各种强行突击行动，因为这类行动的基本任务都是通过突然性、火力和速度控制劫持者。

强行突入在三种情况下是合理的：

1. 人质处于被杀伤的急迫危险之中。
2. 持械拒捕对象可能会通过其行动危及无辜民众（在前面所讨论过涉及核生化威胁的态势中，这种情况尤其适用）。
3. 如不加以阻止，对方的敌对行为可能会危及警员或其他人员。

实施强行突入的一些一般原则包括：

1. 使用尽量多的突入点，但要避免出现人员可能陷入交叉火力的情况。
2. 尽量从难以预料的地点突入。
3. 包围现场，切断（对方）脱逃路线。
4. 快速、猛烈、突然地实施打击。

4. 在突击每个房间之前及时收拢人员。

6. 保持队员之间的通信畅通。

7. 肃清房间时每个房间至少安排两名队员。

8. 在可能的情况下使用干扰装置。

9. 不要假定任何人是无辜的（例如，恐怖分子可能装扮成人质，或也可能出现斯德哥尔摩综合征）。

强行突入的类型

通常在实施强行突入时，"蜂群式突入（swarm entry）"——即尽可能多的人员同时进入以控制现场——较为理想。有些小组在强行突入中安排4名队员使用所谓的"墙浪（wall flood）"突入法，即前两名队员负责肃清角落，两名队员马上跟进进而完全控制整个房间（见图7.2）。在速度至关重要的紧急突入（crisis-entry）中，这种两人组合可以相互交替，原本负责跟进的两人在下一房间可能会首先进入。另一方面，"蛇形突入（snake entry）"——即人员鱼贯而入的方法——在秘密突入的情况下可能更为合适。

图7.2 墙浪式4人强行突入

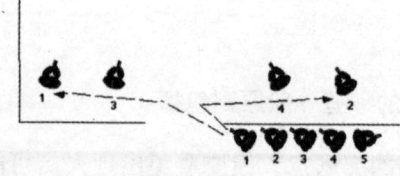

注意：在将4名队员迅速投入一个房间时，射击弧线非常重要。此外还要注意：5号队员应当持续为门厅及执行突入的4名队员的后方提供掩护。

无可避免的是，强行突入必须保持简洁，必须依靠突然性。由于可能使用蜂群式突入法，因此营救小组必须小心避免出现被称为"死亡漏斗（fatal funnel）"的情况，即队员挤作一团，结果一名手持自动武器的恐怖分子或劫持者就能给突入小组带来一场浩劫。

克服障碍

无论是强行突入还是秘密突入，窗户都常常是一处诱人的突入点。在实施秘密突入时，可能需要将窗户的玻璃切割移除以免发出噪音。但在强行突入时，可能会将玻璃炸掉。这种情况下，尖利的玻璃碎片可能会对突入小组成员造成实际威胁。

强行突入的另一个方面是爆破突入，此时会使用仔细挑选的炸药打开入口或是炸开大门。通常，如果劫持者位于突入点附近时，爆破突入的效果最好。一旦打开入口，营救小组应当随时做好准备，利用入口出现的突然性而"行动！行动！行动！"。即使是在突入点已经炸开的情况下，仍然建议使用干扰装置。

强行突入与秘密或隐蔽突入在突入战术中都占有重要位置。训练有素的人质营救小组对这两种方式都会加以训练，并且对任何一种突入类型都制定标准行动程序。实际情形很可能是：一支突入小组正在进行秘密接近与突入，同时第二小组随时准备在第一小组被发现的情况下实施强行突入或为第一小组突入提供支援。例如在秘密突入中可能会有将某个小组派至人质关押的房间，以便他们精确地消灭负责看守的劫持者的任务。而此时大多数恐怖分子或劫持者可能正在附近，因此需要另一小组实施强行突入，防止对方攻击秘密小组或试图伤害人质。

8

对建筑实施行动时的具体问题

前面几章已经谈到了许多有关建筑突入的基本原则,但本章将讨论一些具体问题,如对人质事件发生的特殊环境或特定类型建筑实施突入的具体问题。

制订对建筑实施突击的计划

由于绝大多数人质事件都发生在某种建筑中,因此人质营救小组训练最多的就是建筑肃清行动。对学校实施营救行动和对活动房屋、停车场实施营救行动的巨大差异使得执行营救任务的小组很难预测自己面临的具体环境。国家人质营救小组和那些保卫大型城市区域的部门常常会在理论上可能发生人质事件的地方进行训练,如机场、法院、政府建筑、学校、监狱、核设施、国家纪念设施、军事设施、银行以及旅馆。

录像与勘查

只要有可能,上述训练均会进行录像,这样既可用于分析,也可建立有关可能的营救现场的录像资料库。即使训练不是在上述场所内展开,营救小组也常会录下建筑内部与外部的情况,注明门的开启方向、锁的类型以及如果该处发生人质事件可能有用的其他所有信息。在进行现场勘查时,与消防部门紧密合作具有重要意义,因为消防局通常会对所有公共建筑进行仔细勘查,拥有详细的设计图,并记录了紧急情况下的进入方法。

> 一件很有趣的事情是，在美国，有些部门中的安全人员也被训练担任医疗急救人员、警员和消防员，并且轮流担任不同工作。这不但使得相关机构建立起了数量惊人、训练有素的人员储备，而且也提供了招募特种武器与战术小组队员的绝好机遇。

选择突入类型

对建筑实施突入时的第一个问题就是选择具体的突入类型：由门突入、由窗突入或是由屋顶突入与索降。在特定环境下，也可考虑通过爆破由墙壁突入或通过隧道、管道突入。

由窗户突入

虽然窗户常被作为第二突入点，但由窗户突入的速度比由门突入慢，这就常常导致实施突入的人员暴露时间更长。营救小组应当添置一些窗框建立训练墙，以供人员训练采用尽可能低的姿势肃清窗户的方法。

由屋顶突入

由屋顶突入的优点在于能够借助扶梯、直升机、升降机或是相邻建筑实现相对秘密地进入现场。许多小组也喜欢从屋顶向下肃清建筑，因为他们认为此时劫持者不会觉得自己已经被困，而如果由下向上肃清建筑则会让他们有这种感觉。同时，在肃清楼梯时自上而下显然比自下而上容易。最后一点是，听到特种武器与战术小组从上面攻下来以后，劫持者或者持械拒捕者可能会走出房屋向警戒人员投降。

索降突入通常是在借助绳索滑下来后从窗户突入。法国国防部下属反恐部队（GIGN）经常在自由攀登至建筑顶部后训练索降及突入。许多欧洲式的百叶窗非常便于实施GIGN式的突入，索降人员先向外摆动，然后两腿在前撞进窗户，在进入房间的同时射击一切目标。这种动作演示起来非常震撼，但是必须经过大量练习才能熟练掌握，因为在撞上百叶窗时存在被弹开的危险。

突入点

在制订对建筑实施突入的计划时，通常最好安排两个突入点。一般来说，如果建筑是长方形的，那么在一端进入要比在中部进入合适，这样只需沿着一个方向肃清即可。在实施最初的突入以及随后的房间肃清时，营救人员应当避免由较亮区域向较暗区域移动，因为这样会暴露自己的身形，而敌人则不会。如果人手充足，那么每个被肃清的房间均应留下一名人员警卫。但这往往很难实现，因此突入小组的后卫队员需要找到适当的位置，控制所有已肃清房间的入口。许多小组会携带楔子，这样一旦房间肃清就能从外边将其卡死，确保无人可以由此逃出。在肃清房间时，有时会遇到双开门。在这种情况下，实施突入时最好将两个门扇都打开，以便以最快速度肃清入口，并在突入过程中始终对房内情况一目了然。

> **实例**
>
> 在耗时较长的人质事件中，突入点的选择可能会用到某些创造性。例如，在对利马的日本大使官邸实施突击的过程中，秘鲁营救小组挖掘了庞大的隧道系统，使自己能够突然出现在劫持者眼前。

直升机

我们已经讨论过直升机用于投送人员的情况，但它们在其他方面也可以对突入发挥辅助作用。虽然媒体一般会被隔离在事件现场以外，但媒体直升机可以获准在一定距离上拍摄看起来突入行动准备在某处进行的画面，而实际上，真正的突入将在别的地方展开。这种转移视线的方法通常只有在情报证实劫持者正在收看新闻报道或有架顽固的直升机悬在头顶的情况下才会使用。通过利用警方直升机在现场周围不断盘旋的方式，劫持者将会习惯它们的存在，发觉它们正被用于向屋顶投送营救小组的可能性也比较低。警方直升机也可用于增大噪音水平，掩盖突入行动的声音，或是在突击行动中用大功率探照灯（如Nightsun探照灯，其亮度为3000万烛光）使目标暂时失明或迷失方向。

破门槌

有些小组的装甲车辆能够借助破门槌对特别坚固的大门实施破坏突入屋内。这些车辆在救回受伤警员或人质时也非常有用。通常，拥有这类车辆的小组应当演练过使用它们作为被迫在开阔地运动的突击人员的移动掩护手段。专用装甲车辆对人质营救工作的确有用，但与战场上的装甲车辆需要步兵支援一样，特种武器与战术小组的装甲车辆也必须得到在建筑物中执行人质营救任务的训练有素的突入人员的支援。

无论是将装甲车辆作为破门槌，还是使用手持式破门槌，都必须一击破门，否则就丧失了突然性。这也是安排破门槌使用者在废弃建筑或其他地方练习破门的原因之一。有经验的破门槌操作者能够将破门槌像钟摆一样摆动，以最小的力量获得最大的冲力。即使是在可以使用其他破坏手段——锤击或爆炸破门——的情况下，建议小组中最好还是安排一名成员携带装有Shok-Lock或其他破门子弹的霰弹枪，以防遇到未曾料到的上锁房门。

无线电通信程序

在对建筑实施突入之前，应当建立良好的战术无线电通信程序。建立一套"程序用词"——即所谓的"程序代码"——以简化通信过程。例如，"验证"就是要求正在通话的人对口令做出回应，以便确认自己属于己方人员。这种回应通常是一个简短的验证码，可能是一个数字或字母。由于枪声会影响听力，因此许多小组采用了特制耳罩，这种耳罩可以放大正常说话的声音或其他声响，但会将枪声的伤害效果隔绝在外。这类为特种武器与战术小组设计的耳罩可以与无线电耳机同时使用。在突入过程中，无论是对其他队员还是遭遇的嫌犯，命令均应简明扼要，毫无歧义。对嫌犯的命令应当以自信的、命令式的口吻发出。这类命令包括"出来！"或是"举起手来!"等等。

> 虽然"扔掉武器"在电影里很流行,但这也许不是一个好命令,因为武器撞到地板时很有可能走火。

或许世界上被队友意外走火打中的突入小组队员数量比倒在恐怖分子或罪犯枪下的还要多。因此,在实施突入时,每名队员持枪时都要枪口向下,避免将枪口指向前面的队员。但某些小组认为采用这样的持枪方式存在枪口乱晃的可能——这似乎是许多在突入行动或训练中大腿、小腿或脚踝遭受枪伤的突入小组队员得出的观点。因此,某些营救小组训练自己的队员在进入室内时保持枪口向上,使每个人的枪口都处于前面队员的头顶上方。

精确移动

一部分枪支意外走火发生在突入小组移动速度过快的情况下。另外一部分则发生在由于移动过快,未能确认已经出现的威胁或是未能有效处理这一威胁的情况下。虽然许多小组训练过如何快速肃清房间,但他们在进入和通过房间时通常会采取快走而不是快跑的形式。许多小组训练边前进边开枪的方法,此时重心前移,以便在移动中保持良好的射击姿势。但最好的方式还是移动、射击分开进行,而不是边移动边射击。当然,也可以在肃清某些区域时,首先占据某个射击位置,然后滑步前进,保持腿脚构成的"射击平台"。

精确移动具有重要价值的一个具体方面是沿楼梯向上运动。在四人小组进行此类运动时,前两名队员应当瞄准正前方,第三名队员瞄准上方,第四名队员瞄准下方。虽然不建议两名队员独自攀登楼梯,但他们可以采取背靠背缓慢登梯的方法,前面的队员瞄准前方和上方,后面的队员瞄准后方和上方。

学校

人质营救人员最担心的或许是涉及大量儿童的人质事件。大量毫无自卫能力的无辜平民会成为一个对恐怖分子或者精神错乱的"随意开枪者"很有诱惑的目标。

> **实例**
> 当荷兰皇家海军陆战队面临营救德庞特列车大量人质的任务时,他们还不得不制订同时营救被南马鲁古恐怖组织绑架的学校儿童的计划。幸运的是,这次营救取得了成功。而以色列人被迫对马阿拉特一所学校展开的营救行动遭遇了一场巨大的反恐灾难(见附录1)。

> **实例**
> 在美国,发生在科罗拉多州利特尔顿的"枪手随意开枪"的灾难将许多学校的脆弱暴露无遗,也显示出对这类事件做出及时反应的难度(见附录1)。

学校中的枪手随意开枪杀人事件

利特尔顿之类的枪手随意开枪杀人事件通常涉及一名或多名武装人员,他们对社会存在某种不满,并在学校、邮局、办公建筑或者其他聚集大量民众的地点以暴力形式爆发出来。虽然从严格意义上讲,这并非人质事件,但由于枪手通常企图杀死尽可能多的人,因此人质营救人员面临着许多与人质事件一样的困难。但是,通常没有时间进行谈判,而且这种情况与事件初期一名人质被杀的情况类似。因此必须马上派出"强攻小组"。

关于枪手随意开枪杀人事件,特别是发生在学校的此类事件,已经进行了大量研究。根据研究,首先应当确立下列优先顺序:

1. **遏制嫌犯**。虽然有帮助伤者的愿望,但营救人员必须首先制止嫌犯杀害更多无辜民众,因此遏制是第一要务。

2. **营救伤者或人质**。一旦嫌犯被控制,营救人员就可以搜查建筑,寻找受伤或是躲藏起来的民众。

3. **逮捕嫌犯**。在采取了阻止嫌犯杀人的步骤之后,营救人员即可尝试逮捕他们,在必要情况下可将其击毙。

遏制枪手

在枪手随意开枪杀人事件中,突入小组在肃清学校的过程中常常要在两个问题中做出平衡——挽救遇难者还是制止凶手。实际上,最先突入的小组可能需要绕过伤者以便遏制枪手,进而避免出现更多死伤者。这种决定正是基于少数人的利益服从多数人的利益这一原则。但通常来说,医疗急救小组或疏散小组会紧随在搜索小组之后。

突入小组最有可能遇到躲藏在学校像迷宫一样的大厅与房间里的学生或老师。必须小心确保他们确实是受害者而不是枪手,同时还要确保营救小组不会胡乱开枪。由于肃清一间带有十几个门厅、几百个房间的多层学校确实非常困难,因此突入小组可以使用写在墙上的代码标记,提醒后面的小组哪些区域已被肃清或其他小组所处的位置。

与社区关系官员合作

由于学校必须严格遵守防火规范并随时接受消防部门监督,因此学校的平面图应当可以很方便地从消防部门得到。

防火规范常常还会要求学校在每个门厅或房间内张贴标有疏散路线的楼层平面图,这一点更有帮助。不过,枪手随意开枪杀人事件的问题在于能否及时拿到上述平面图。

在美国,派驻学校的社区关系官员能够在帮助突入小组方面具有极为重要的作用。他们通常配有枪支,在学校里有办公室,可以与当地特种武器与战术小组人员一起拟制应对可能的恐怖分子事件的应急计划。他们知道如何找到枪手（们）的照片，如果他们是本校学生或曾经是本校学生的话。如果他们以前做过紧急情况的现场勘查就可能会有学校的录像带。在美国许多学校中，有线广播系统是双向的，能够用来收听周围房间内的情况。在这种情况下，关于枪手或劫持者位置的情报就可以用这种方式加以搜集。

检查建筑

在许多学校中，应对枪手随意开枪杀人的计划是让学生和老师一起待在锁起来的教室内。由于学校通常是由坚硬的砖石墙壁和厚重的防火门建成，因此这种计划能够保证一定程度的安全。但突入小组也会面临所有房间大门紧锁、无法判断哪一间藏有枪手的情况。这种情况下，机敏的学校管理人员或社区关系官员就能帮助老师采用各种方法向搜索或突入小组传递信息。比如每位老师都要掌握一些能够向搜索走廊的小组快速传递"房间安全"的信息的方法。比如可以将一块颜色鲜艳的鼠标垫从门下塞出，帮助营救人员确定房间是安全的。显然，在威胁下做出这种行动的危险依然存在，因此在实际检查之前这些房间仍不能被视为绝对安全，但这种方法还是能够加快在建筑内搜索枪手的速度。

上文已经提到，学校的墙壁比较厚重。因此营救小组在穿过建筑时可以得到较好的保护，它能成为防止枪弹过度穿透的"挡弹墙"。

关于学校的另一个问题是，许多学校都装有烟雾探测器，一旦探测器报警，就会立刻将走廊上的门由磁性夹具中释放出来，构成防火隔离门。因此，如果使用干扰装置或瓦斯的话，突入小组必须意识到自己的行动可能会大大变慢，因为在每一处走廊他们都会遇到这种自动关闭的厚重大门。

在学校中训练

由于学校具有出入通道众多的设计特点，因此遏制就成了一个问题，需要大量人员才能完成。此外，突入小组在遇到大量可能歇斯底里甚至受伤的儿童时也必须保持冷静。由于每个社区范围内都有一所或多所学校，因此人质营救小组应当在学校中进行训练，以掌握每栋建筑的具体特征。预先制订计划、提前了解情况在学校发生人质事件或枪手随意开枪杀人事件时具有重要价值。

监狱

同狱囚犯

由于在押人员均为囚犯，因此监狱中发生的人质事件可能尤其危险。在监狱事件中，往往会假定劫持者极有可能是危险的囚犯，很可能是获刑的杀人或暴力罪犯。由于监狱中的人质事件常常包括囚犯对狱卒或其他囚犯实施报复的情况，因此可能必须迅速订出突击计划。

事实上，美国任何一所监狱——无论它是由联邦监狱局特种紧急状况反应小组（SERT）、由州警方特种武器与战术小组还是由国家反恐小组如处理过多起法国监狱事件的法国国防部下属反恐部队（GIGN）负责——都有自己的预案。更重要的是，与绝大多数人质事件相比，监狱人质事件中的谈判专家必须明确发出警告：如果劫持者开始伤害人质就会遭到迅速、致命的武装打击。

肃清监狱

发生在监狱中的人质事件具有一定的有利条件，也有一些不利之处。由于监狱的设计旨在将囚犯禁锢在内，将他人隔绝在外，因此，即使涉及大量囚犯，监狱事件也很容易得到遏制。多数现代监狱中装有大量监控镜头，因此从理论上讲便于搜集情报，但在骚乱的情况下，这些镜头很可能会迅速遭到破坏。

由于监狱被设计为坚固建筑，通过破坏方式进入监狱往往非常困难。监狱的墙壁很厚，大门也是用钢铁制成。某些场合会使用各种电子、机械锁开关房门。弄清哪些门通向哪些区域对任何试图肃清监狱的小组而言都是至关重要的。实际上，由于监狱的特殊设计，最好能有一支由监狱警员选拔组成的人质营救小组。如果没有，监狱警员应当与实施突入的小组紧密协作，向他们提供一切有用信息。

防护装具

在监狱中开展行动的小组可能会对自己的防护装备有特殊要求。通常，特种武器与战术小组的防护装备是用来抵御子弹的。但很有可能在肃清监狱的过程中，小组遇到的只是手持劣质自制匕首的敌人。而常用的保护上肢的特种武器与战术小组手套或军用伪装服（BDU）很难抵御利器，因此应当考虑使用特制防护手套。

使用武力

由于在肃清监狱过程中可能遇到暴力对手，因此应当设定交战规则，授权营救人员在遭遇抵抗时使用致命武力，同时在逮捕投降嫌犯时务必保持警惕。一定要记住，他们往往已经在监狱中长期练习过如何诱使警员对他们搜身或戴铐。

由于监狱通常设计有狙击塔，因此营救小组可以在此部署战术射手。但由于这些狙击塔通常被设计成朝向监狱的露天位置如练习场或是通往大门与围墙的道路，因此战术射手可能不得不潜入监狱建筑区的其他位置以便观察劫持者控制的区域。但监狱的建筑设计往往导致很难找到合适的狙击手或观察员位置。通常，如果监狱事件不能通过谈判解决，那么就要利用突入小组强攻解决。

化学物质

在监狱中常常会使用化学物质，但是有些特殊的环境限制了它们的使用。例如，至少在有些监狱中，牢房里装有所谓的"主动对流系统"，而这会使瓦斯的效果大打折扣。有些监狱还有不能渗入足够剂量瓦斯的"盲点"。比如U型牢房，在其一端或两端被投入化学物质的情况下，劫持者就可以退到拐角位置。

情报

这里需要再次重申，由于监狱的结构、设计极为复杂，因此必须事先制订应对人质事件的应急计划、录像带和平面图，最好是由计算机生成的录像带和平面图，应当随时为那些承担监狱肃清任务的人员提供帮助。如果能有一支由了解该所监狱、可能的人质和劫持者的人员组成的小组就再好不过。

核设施

在制订核设施中人质事件的应对计划时，需要考虑到一些非常特殊的问题。首先，正如关于嫌犯持械拒捕的第5章中已经讨论过的那样，在核设施发生的此类事件中，可以将整个社区或城市视为人质。因此，营救小组必须随时准备做出选择，是保护设施中的某些人质还是保证设施的安全。如果面临这样的选择，那么设施的安全应当排在第一位。幸运的是，绝大多数核设施的设计保证了（外人）极难进入关键区域。

射击与运动

由于对方能够突破训练有素、装备精良的安全部队，因此我们应当假定核设施紧急事件是由恐怖分子或其他装备重型火力的人员发动的。因此核反应小组应当训练与军方分队战术类似，包括射击与机动在内的接近方式。通常，在小组的部分队员前进时，其他队员采取"掩护射击"姿势。同样，由于可能遭遇的威胁不同，所以核反应小组队员很可能会配备步枪口径武器，当然他们仍然可能保留使用易碎弹药的冲锋枪，以便在设施内部特定区域内使用。也许读者会认为使用枪支似乎不太合适，因此需要说明一点，即核电站中的最敏感区域通常被限制在高度防弹、防火的范围内。此外，核反应小组也会得到关于哪些区域在必要情况下可以开枪、哪些区域禁止射击的详细说明。

虽然国家反恐部队可以在核设施现场承担部分职责，但最好还是能有一只从核设施安全部队中选拔组成的核设施反应小组，并且接受过在核环境下实施行动的特殊训练，包括在必要时使用有毒物质防护服。

计算机对需要在不同建筑中开展行动的人质营救小组而言具有重要作用。它不但能够迅速找出楼层平面图的位置，而且还能将平面图副本以及详细的突入计划图迅速分发给小组队员。在对建筑实施突击时，如果能在类似的住宅、办公室或建筑中进行演练将是非常理想的。多个突入点与备用突入计划也十分重要。正如前面所说，人质营救小组应当与从事建筑爆破拆除的商业房地产公司和建筑公司建立良好关系。他们也应当与法院、医院和类似机构的安全人员开展合作，使自己能够在这些建筑中进行训练。小组训练过的走廊和楼梯越多，他们在真正对建筑实施肃清时也就越自信，他们也就越有可能在遇到阻滞时掌握克服的方法。

在建筑物突入训练方面的最好建议是：找到能够进行建筑物突入训练的建筑！

9

对车辆和火车实施的行动

通常,实施反恐或人质营救行动的前提是遏制事态,阻止对方"乘车逃脱"。火车被劫持的情况通常发生在火车位于途中或是等待发车的时候。这是一种单独的状况,本章将在后面对其进行探讨。但是,涉及车辆的突发事件可能以移动形式——如劫持汽车——出现,也可能在劫持者提出提供车辆的要求时出现。

大型客车也是劫持的目标，也有可能存在大量人质或劫持者的情况下（由当局）提供给劫持者。后面将会探讨人质事件发生后对车辆或大型客车发动突袭的战术。

提供运输工具时需要注意的问题

首先，我们必须明白当劫持者提出车辆要求时摆在紧急事件指挥官面前的问题。做出决定的基本原则是：为劫持者提供车辆是否会影响营救人质的难度。例如，如果劫持者处于建筑之中，几乎无法对其实施成功的突击，那么为其提供车辆就是一种可行的选择。选择乘车逃脱的另一种可能是，劫持者无法带走所有人质，因此会释放部分人质。比如，两名劫持者扣押了10名人质，要求提供一辆标准的轿车，这就意味着7~8名人质将被释放。紧急事件指挥官可能会选择利用这一机会换取人质的释放。人质谈判专家可以商定细节。

狙击手的使用

如果劫持者准备将人质带上汽车，此时需要考虑使用狙击手发动致命一击或是在其运动过程中实施突击解决问题。即使决定使用狙击手，也应当安排一支突击小组随时跟进。但有一点应当牢记，那就是在移动过程中，劫持者往往会非常警觉。因此有些小组采用了便于消灭劫持者的战术。例如，可以将车辆开到建筑物前，熄火后将钥匙放在驾驶员位置的车顶上。这样,当劫持者伸手去拿钥匙时狙击手即可射击。另一种办法是在停车时巧妙地摆放车辆位置,使狙击手能够在劫持者上车时既可从前方射击也可从后方射击。

提供预先准备的车辆

其他战术则基于向劫持者提供预先做好突击准备的车辆。

如果劫持者要求提供车辆,有些小组对车辆有5项要求:

1. 车窗应当摇至最低,并且固定在最低位置。

2. 门锁应当不能使用。

3. 拆掉所有反光镜。

4. 引擎具有遥控关闭的能力。

5. 车辆中应装有遥控启用的干扰装置或化学弹药。

使预先准备的车辆上的车窗、门锁无法使用将有助于突入小组的快速突入。拆掉反光镜则便于突击小组悄无声息的接近车辆。可以遥控关闭的引擎使得车辆能够停在最适合突击的位置。

有些机构拥有此类遥控引擎关闭装置,能够在一分钟内安装完毕。操作人员经过适当练习即可将车辆停在突击小组准备发动精确袭击的地点。其他方法,如只给车辆加入少量汽油就没有那么精确。

对"蓬堆"(covered pile)实施突击

当劫持者胁裹人质向车辆移动时,有可能出现被某些机构称为"蓬堆"的情形。这时,劫持者用毯子将自己和人质遮挡起来,以防狙击手射击。但有些小组进行过对"蓬堆"进行突击的演练。

其中一种对付"蓬堆"的方法要求一支五人小组由后方接近对手。在使用这种方法时,两名队员悄悄接近并抓住毯子的边缘,然后突然将其向上举起并扯离人质和劫持者。根据绝大多数枪手都使用右手的假设，另一名队员——他常常具备一定的格斗基础——从右边抢上前去控制住劫持者持有武器的那只手。第四名队员配有手枪，从左侧攻击，在必要时可对劫持者进行抵近射击。最后一名队员则抓住人质将其按在地上以保护其安全（见图9.1）。

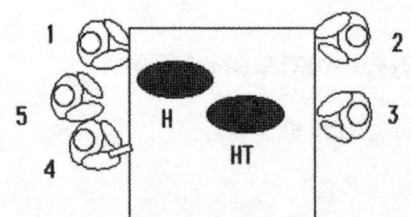

图9.1 对"蓬堆"实施突击

如果劫持者试图用毯子将自己和人质蒙起来，然后带着人质离开现场，可以采用此类突击方式。1号、2号队员抓住毯子的边缘，然后突然将其向上举起，扯离人质（H）和劫持者（HT）。

3号队员负责控制劫持者持有武器的那只手，而4号队员则抽身上前，必要时进行抵近射击。5号队员抓住人质将其按在地面以确保其安全。

对车辆实施突击

如果需要对车辆实施突击以营救人质的话，需要注意一些已被证明行之有效的基本原则。

阻止车辆行驶

首先，车辆必须处于静止状态。我们已经讨论过遥控关闭引擎的方法。虽然打爆轮胎的方法也有应用，但这有可能造成危及人质安全的情况，而且车辆最终停止的位置也有问题。横铺在路上的"拦阻带"能够截停飞驰的车辆，因此可以作为一个更为有效的选择，但是也存在一定问题。有些小组根据车辆需要被迫停车的位置（如桥梁入口）制订突击计划，但根据利用卡车或其他车辆设立的路障制订计划可能更为有效。如果停车位置能够正好安排在上坡前，或是附近有突击小组能够隐蔽或掩护的位置就再好不过了。但常常还是需要进行强制停车。在这种情况下，最好能够拦阻车辆，使其无法前进或后退，同时阻塞车门，使劫持者无法逃离车辆。

图9.2 拦阻（blocking）载有人质的机动车辆的方法

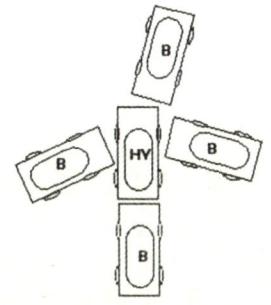

注意，载有人质和劫持者（HV）的车辆被四辆实施截停的汽车（B）完全拦阻。它无法前进、不能后退，劫持者也无法从车门中逃出。这就控制了形势，便于营救小组投入并采取适当的行动。

对车辆实施突击

一旦车辆被截停，小组将在劫持者伤害人质前迅速采取行动。如果狙击手已经被部署在停车位置的附近，他们可能会迅速射击结束危机。当然，他们应当为突击小组提供关于劫持者和人质位置的情报。突击通常由6名队员执行：4名队员负责具体突击，2名队员负责提供支援，如打破车窗或疏散对象或人质（见图9.3、图9.4、图

图9.3 由车辆前面实施突击

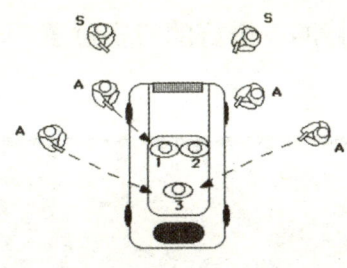

这幅示意图描述了6人小组从前面突击车辆的方法。有些营救部队倾向于使用8人小组进行车辆突击。在使用6人小组的情况下，4名队员（A）担任实际突击力量，其他2名队员担任支援力量（S）。担负支援任务的队员负责使用干扰装置，或者利用工具打破车窗、打开车门。在本例中，1号与3号乘客为劫持者，2号为人质。

图9.4 由车辆后面实施突击

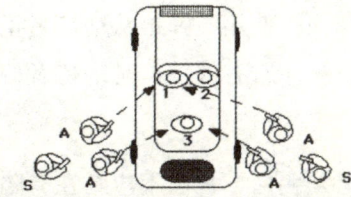

由后面突击比较适于那些需要支援人员打破车辆移出人质或劫持者的情况。突击人员需要持续瞄准所有劫持者，随时准备在其出现敌意举动时开枪射击。

9.5）。应当注意的是，在救出人质以前，应当首先将劫持者移出车辆或将其击毙。

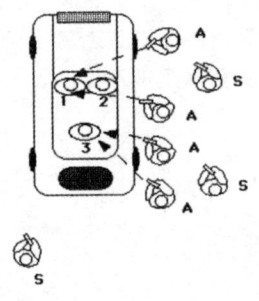

图9.5　由车辆侧面实施突击

侧面或纵队突击法适用于车辆的一面被地形或建筑阻挡的情况。如果需要从车辆中移出劫持者或人质，那么应当从突击面移出。注意：在这种类型的突击中，需要额外安排一名队员负责警戒车辆的另一侧。

由于车辆的安全玻璃较难打破，因此支援人员应当装备能够打碎玻璃并迅速清理残片的"多用工具"之类的"破坏清理"工具，也可使用弹簧冲。至少有些小组已将弹簧冲安装在自己的MP-5冲锋枪的枪口位置，这样就能在打破窗户后迅速瞄准嫌犯。

> 无论使用哪种类型的弹簧冲，最好的打击位置是窗户边缘而不是中间。

消灭嫌犯

向车内的劫持者射击可能会非常困难。比如车窗可能采用了有色玻璃，因此只能从车辆正面开火，不过现在已经有许多复杂装置能够使我们隔着有色玻璃开枪。劫持者可能会处于两名人质之间，使得我们根本无法从侧面射击。美国联邦调查局人质营救小组曾经演练过一种突击方法：一名队员冲上车顶，使用霰弹枪从劫持者正上方将其击毙。在特定情况下，这种方法非常有效，但是劫持者的位置必须高度精确。

在接近车辆时，突击小组成员还必须明白，自己不应站在有陷入交叉火力危险的位置。

对大型客车实施突击

人质事件有可能发生在公共交通车辆、校车或是诸如灰狗公司使用的那种长途客车上。在机场各个航站楼之间运输旅客的摆渡车或者向法院运送囚犯的囚车也有可能成为人质事件发生的场所。由于人质事件有可能在大型客车上发生，因此许多营救小组都在刻苦练习如何对大型客车实施突击。

> **实例**
> 其中最著名的事件或许是GIGN对位于吉布提的一辆被劫持的大型客车同时使用精确狙击火力和突击的实例（见附录1）。此外还有许多类似事件，包括曾在韩国和巴西发生的劫持客车事件。

提供大型客车

大型客车事件的产生有可能与慕尼黑奥运会发生的情况类似：（嫌犯）要求当局提供前往机场的运输工具（见附录1）。如果紧急事件指挥官认为应当派出大型客车，那么应当牢记几点。首先，所提供大型客车的类型一定要尽量普通，便于营救小组找到同类车辆进行突击演练。同时，这辆客车应当便于突入，没有有色玻璃制成的窗户，因为有色玻璃会影响狙击手搜集情报或者实施射击的能力。

> 在提供大型客车之前，驾驶员一侧的反光镜应当加以破坏（这可以说成是驾驶员经验不足，在开车过来的途中擦到了灯杆等），或者进行调整，在车体两侧留下便于突入小组接近的死角。

截停大型客车

在制订客车突击计划时，狙击手、突击小组、强行突入小组、拦阻人员和干扰小组的协作非常重要。如果车辆仍在移动，那么首先考虑的问题之一就是将其截停。可能的停车地点包括红灯、急弯或是在即将到达山顶的地方。如果准备在城市路口实施截停，那么突入小组的成员应当装扮成附近的路人。可以使用拦阻车辆截停大型客车，但它必须具有足够的体积，能够有效地堵住客车的去路。突入小组可能必须待在紧随客车的厢式货车内，随时准备在截停之后开始行动。

有一些巧妙的办法可以截停大型客车。例如，绝大多数公共汽车类型的大型客车的引擎附近都装有遥控开关，能够让技术人员边检修边对引擎进行测试。在可能的情况下，应当向熟悉劫持事件中客车类型的技术人员咨询遥控关闭引擎的方法。大型客车也可以通过切断刹车线或电路线的方法截停。通常，如果液压刹车线被剪断，后轮刹车抱死会使大型客车停止前进或是静止不动。在等候红灯时派遣一名队员潜入车下切断刹车线有可能使客车动弹不得。显然，小组必须配备事先经过检验的、足够坚固的切割工具来迅速完成这项工作。突击小组应当做好准备，一旦车辆被截停就迅速展开行动，以充分利用由于突然停车而在车内造成的混乱。

找到入口

一旦车辆被截停，下一步就是找到入口。在绝大多数客车上，车门控制装置位于驾驶员的窗户内侧，而这扇窗通常不会锁上（以便在驾驶员离开车辆之后仍能进入车内）。在公共汽车类型的客车上，前门采用液压驱动，后门采用电力驱动。由于在截停车辆时可能切断了液压线，因此一定要弄清这样是否会影响开门或者需要更大力量才能开门。通常，作为备用手段，应当为一名队员配备破门槌，以便在必要时撞开前门。在校车上，后门通常需要搬动把手向外打开。因此，如果需要从后部突入，一定要向客车公司确认这个把手是否能够从车外操作。如果车门上锁但有外部把手，那么可以使用重型撬棍迅速将其强行打开。

限制劫持者的视野

在制订对大型客车实施突击的计划时有一个问题，即大量车窗通常会使劫持者具备360度的视野。因此，如果只有一名劫持者，那么狙击手可能是解决大型客车人质事件的最好手段。如果狙击手人数众多，足以为每名劫持者分配两个狙击手，所有劫持者都处在瞄准镜下，那么狙击手也可以解决存在多个目标的事件。如果大型客车使用的是有色玻璃，狙击手的工作就会困难很多。有些劫持者还会在窗户上粘贴纸张或者让人质站在窗前，从而增大狙击手的射击难度。当然，这类行为也限制了劫持者的视野，有利于突击小组接近目标。

干扰装置

在突击开始以前，如果能将干扰装置投到客车远离突击行动的一面将起到更为有效的作用。他们也可在车外使用。如果在大型客车内使用，应当记住一点：由于空间有限，干扰装置有可能滚到座椅下方，因此如果车上有低龄儿童或患有健康问题的乘客，那么这些装置有可能对他们造成危险，或者由于座椅削弱这些装置对劫持者的影响而使效果大打折扣。由于车辆的通风系统位于车底，因此有时会在车辆底部使用化学弹药。

突击方法

对车辆实施突击有各种不同的方法，但通常会使用5~10人的突击小组（见图9.6与图9.7）。一般来说，至少需要4名队员登上客车，2名负责掩护乘客，另2名沿走廊搜索武器或劫持者。如果劫持者此前已经得到确认，能够很快被发现，任务就会非常简单。但所有乘客都应戴上手铐押出车辆，以确定其中没有嫌犯的同伙。但务必记住，一辆普通的校车可以容下65名儿童，因此可能会出现大量人质。

图9.6 对公交车辆实施突击

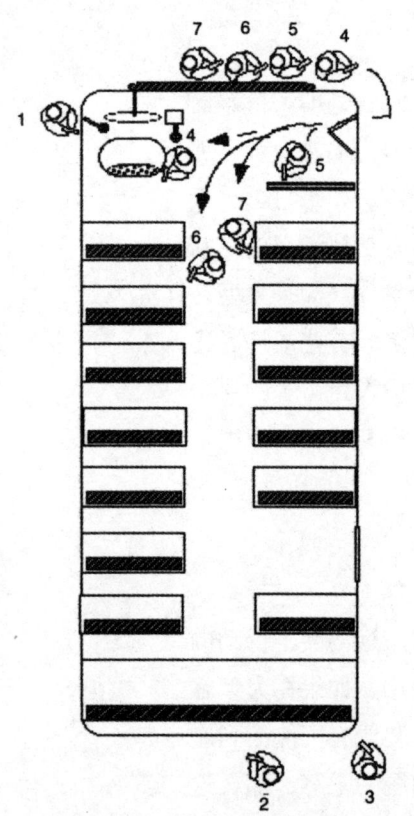

图9.7 对校车实施突击

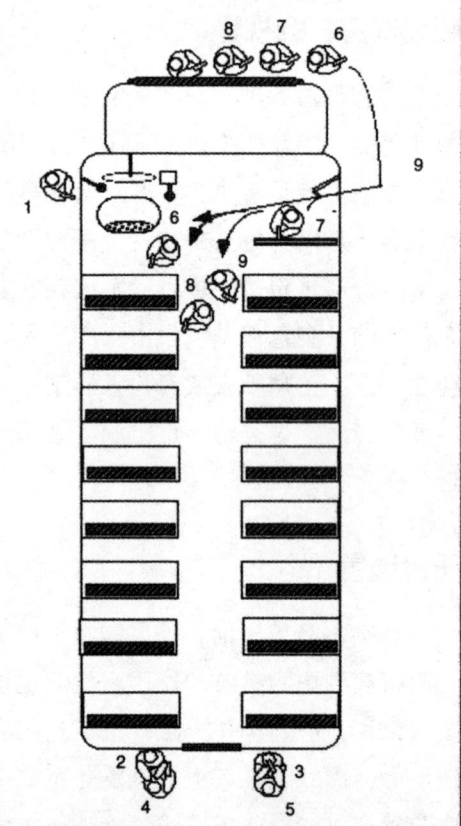

在对公交类型车辆实施突击时，至少需要5名队员，当然7至8名最佳。1号队员负责瞄准司机，打开前门。2号队员准备切断引擎动力，3号队员瞄准车厢后部。注意，他也可瞄准后部出口。4号、5号队员进入车内后立即瞄准乘客。有时他们可能需要疏散驾驶员和前两排的乘客。6号与7号队员保持射击姿势，随时准备沿着走廊迅速前进，对每位乘客进行检查。负责转移乘客的拘留小组应当紧随其后。

虽然这种突击方法常常由8人进行演练，但它最适合9人小组使用。1号队员负责控制驾驶员、打开车门。2号、3号队员为4号、5号队员提供支撑，用自己的膝盖撑起4号、5号队员，让他们从客车后部通过后门观察车内情况。如有必要他们会向劫持者开枪射击，或是通过后门实施突入。如果进行后方突入，4号与5号队员控制客车，而2号与3号队员进入车内实施肃清。此外，也可从前门实施类似的突入。

初步进入

首先进入客车的四名队员应当迅速检查座椅下面，在沿走廊移动以前确定没有枪手躲在坐椅下面。第一名队员应当清晰地喊出"警察，举起手来！"的命令。有时可能需要疏散驾驶员或前排乘客，为掩护队员提供良好的射界。最好能有两名掩护队员，这样他们能够一人负责走廊的一边，避免出现交叉火力。冲锋枪往往是最适合掩护队员的武器，不过在这种情况下，除了训练有素的队员以外，大家都应将自己的冲锋枪设定为半自动模式。

肃清乘客

肃清乘客有两种基本方法。一种方法是，肃清队员迅速穿过客车搜查武器——通常是在发出所有人员双手抱头的命令之后——然后拘捕小组跟进，给每位乘客带上塑料手铐，最后将其逐个转移（除非所有的劫持者及其同伙都已得到确认）。如果乘客数量较少，有些小组更愿意安排拘捕小组紧随其后，一旦肃清小组将座椅检查完毕，拘捕小组就将乘客转移。但这种做法会导致停留在走廊上的人员数量过多，一旦此时发生交火，掩护人员无法为正在搜查乘客的队员提供保护。

掩护队员

通常会安排一名队员从大型客车前部或驾驶员一侧车窗瞄准驾驶员。后一方法更为可取，因为他也可以打开车门。有些小组安排掩护队员从两侧接近大型客车，利用箱子或短梯通过侧窗瞄准客车。但一般来说，如果这两名掩护队员能够迅速登上客车，他们就能更好地发挥作用，因为此时他们可以通视整节车厢，而从侧面接近的掩护队员则不得不利用自己的边缘视线才能做到这一点。对付开有后门的客车的另一种方法就是从后门进入。在使用这种方法时，有些小组安排两名掩护队员进入车内，而有些则安排肃清小组由后门登车，这样在接近过程中他们就能俯视每名乘客，任何枪手都必须转过身来才能向队员们射击。

> 根据作者的经验，营救小组最好能把突击客车的各种方法都演练一下，然后再确定哪种方法最适合自己的小组。但要记住，每种型号的客车都需要不同的突击方法。因此，营救小组应当在尽可能多的不同型号客车上进行演练。

无论决定采用哪种方法，重要的是：

- 不要让突击小组或支援小组人员面临交叉火力的威胁
- 这种方法能够应付至少从一个车门突入的情况，并且
- 能够迅速安排至少两名队员登车掩护

还应牢记，这种情况下，使用狙击手往往是最好的解决方法。

实例

> 发生在巴西的一起事件为我们提供了正确使用狙击手的良好范例。劫持者只有一名，他不断出现在客车一扇打开的车窗前，手里的左轮手枪指向一名人质的头部。但他会不时地枪口挪开，此时对狙击手射击非常有利。但是，警方试图在他挟持一名人质离开客车时发动抓捕，结果行动失手，导致劫匪将一名孕妇杀害。

由于可能需要透过玻璃射击，而且可能会有一定角度，因此每名敌对目标至少应当安排两名狙击手。

对火车实施突击

对营救小组来说，发生在火车上的人质事件存在着一些显著的优势与劣势。由于火车受到轨道的限制，因此这类事件常常比较

容易控制。实际上如果车头没有受到劫持者的控制,那么可以将火车转移至某条支线或铁路站场中的某个地点,从而为营救小组提供良好的掩护与隐蔽。除非火车处于静止状态,否则很难实施突击行动。而且从不利的方面看,火车上的人质事件往往会涉及大量人质。

进入火车

由于火车具有线性特点,因此无论是轻轨还是城际铁路都需要大量劫持者才能控制。但如果劫持者不止一人,而且与人质处在不同车厢,那么营救行动就需要投入多支营救小组。火车的线性特点通常要求肃清小组从车厢一端实施突入,再逐节肃清车厢。如果在火车两端同时实施突入,那么除非车厢数量较多,否则突入小组队员意外击中同伴的可能性会大大增加。如果火车长度足以实施多点突入,那么制订一份防止各突入小组发生误伤的计划就显得极为重要。例如,如果需要肃清5节车厢,那么行动计划可能会安排一组队员进入尾部车厢和紧邻的车厢进行肃清,安排另一组队员进入另一端第一节车厢和紧邻车厢进行肃清,再安排第三组队员进入中间车厢实施肃清。

使用多名射手

在理想的情况下,无须通过实施突入行动即可消灭火车上的劫持者。应当尽可能安排狙击手消灭劫持者。使用尽可能多的狙击手,确保每个目标都有多名狙击手瞄准。但在使用狙击手问题时要注意,许多火车特别是那种速度极快的子弹头火车或英吉利海峡隧道火车的车窗往往非常坚固,特别是引擎部位的车窗更是如此。因此,狙击手需要了解他面对的是哪种玻璃。如果需要发动突击,突击小组成员有可能渗透至火车近前,使用穿甲子弹透过车体击毙劫持者,或是使用爆炸性破门炸药开辟射孔后消灭劫持者。这种射孔应当开在意想不到的位置如车顶。即使准备安排狙击手或突击小组队员从车外射击,突击小组也必须随时准备突入车内,以防出现劫持者的位置无法确定或者没有击中目标的情况。

搜集情报

由于许多火车车厢都装有可以关闭的遮光板,因此在搜集情报方面狙击手和观察员可能会遇到一定困难。但是,由于绝大多数铁路路基通常具有一定高度,因此小组队员可以渗透至车前实施侦查,或是安装监听或视频情报搜集装置。

实用经验

如果人质事件持续时间较长,突击小组队员应当在与准备突击的车厢的布局完全相同的车厢里进行演练。记下门窗的具体特点以及由侧面或底部实施接近行动时可以利用的盲点。有些美国的通勤火车为双层结构,需要派遣两个小组加以肃清。在突击行动中,需要安排队员控制车厢各面,以防劫持者从一节车厢逃出后进入另一节车厢。这里需要再次强调的是,务必小心避免使队员处于交叉火力的威胁之下。由于火车具有线性特点,一份合理的计划中应当包括安排后续小组紧随突入小组行动的内容:一旦突入小组肃清某节车厢,后续小组就应转移这节车厢里的人质并确保其安全。

干扰装置

除非劫持者正好位于被投入干扰装置的包厢内,否则被隔成一个个包厢的火车通常会严重影响干扰装置的效果。但如果能够确定劫持者位于某个包厢内,那么"震荡带(thunder strip)"之类能够从门下塞入室内的装置就会发挥极大作用。实际上,这种"带"可以在窗口突入或射击的同时引爆。其他能够吸引劫持者注意力的外部干扰措施也很有用。一列从旁边驶过、汽笛长鸣的快速列车能够起到很好的干扰作用,其他铁路站场中的活动也能起到类似作用。

> **实例**
> 当荷兰皇家海军陆战队对德庞特列车实施突击的时候,他们认为让人质和劫持者在突击时低头非常重要。因此,他们派出荷兰皇家空军的喷气式飞机打开加力低空飞行。

与对其他类型地面交通工具实施突击一样，成功的火车突击取决于在最佳地点截停火车。如果事件可以通过狙击手解决，那么这样最好，但必须做好狙击手行动失败后发动突击的计划。在火车上——某种程度上还包括在大型客车或汽车上——弄清劫持者的位置至关重要。装备能够透过车体、车厢射击的武器和弹药对于成功解决事件也十分关键。同时也绝对不能忘记——尤其是对火车，当然还有其他车辆——必须进行认真检查，弄清是否安有阻挠突入行动或可供恐怖分子破坏火车、车辆的爆炸装置。最重要的是，如果能够提前进行演练，那么对车辆或火车实施的突击才能取得最好的效果。

营救小组的训练时间应当用在涉及汽车、大型客车、火车的人质事件想定上。小组还应当在尽可能多的车辆类型上进行演练。

10

对船舶和飞机实施的行动

船舶或飞机上发生的人质事件为劫持者提供了远大于固定建筑情况下的环境控制能力。人质事件发生在技术复杂的交通工具上，如果船舶沉没或飞机坠毁就会造成严重伤亡的事实，对营救小组造成了比一般建筑更为严重的限制。

船舶或飞机人质事件具有在世界各地发生、从一地移往另一地的可能，这两个特点都可能使承担人质营救任务的部队遭受失败。实际上，自从摩加迪沙和恩德培的营救行动以来，劫持飞机的恐怖分子已经表现出良好的学习能力。现在恐怖分子往往会将飞机不断地从一个机场飞往另一个机场，或是将人质转移到别的地方。由于在船舶或飞机上实施营救需要进行大量训练并配备特制装备，因此通常只有最优秀的国家反恐部队才具备这样的能力。

对船舶实施突击

情报

如果试图营救被扣押在船舶上的人质，那么需要搜集大量的情报。比如，目标船舶是一艘可能载有几千名乘客的旅游客船还是一艘只有少数船员但有可能造成环境灾难的巨型超级油轮所要考虑的问题就大不相同。

在可能极为有用的信息中，包括与下列内部情况有关的内容：

- 走廊
- 舱
- 楼梯

- 舱壁结构（钢质、铝质或其他材料？）

- 舱口与舷窗如何开启

- 前往不同区域的路线以及其他路线

- 窗户与舷窗的厚度

- 所用玻璃的类型

下列外部信息也具有重要价值：

- 船体结构

- 水线以上甲板高度

- 灯光

- 船体侧面的绳索、缓冲器、扶梯等

- 敞开舱口的位置

- 附近的其他小船、是否有为劫持者提供警戒的小船

- 登船跳板是否就绪

- 甲板上的警卫

进入

通常，营救小组不会采取游泳进入的方式，但战斗蛙人（combat swimmer）在情报搜集方面的确具有极高价值：检查船体结构是否有爆炸装置，破坏船舶使其无法移动，或者清除甲板上的敌方哨兵。进入方式一般是借助绳索实施直升机机降，或是利用小型快艇进入。在接近大型船舶时，可以利用磁性长杆将突击艇与目标船连接起来以便实施突击。但有一派观点认为由上向下攻击比由下而上容易得多。因此，如果能够利用一艘更大的船只运送突击小组索降至目标船舶的甲板，那么最好采用这种方式。通常这只是一种人质事件发生在相对较小的船只如游艇上时的可行选择。在多数情况下，更有可能利用小艇或是其他小型船只进入现场。

> 小船也可用作单独或与进入行动一起用作干扰。例如，身着性感泳装的女郎或是站在小船上的渔夫都能吸引对方的注意力，隐藏从目标船另一侧进入的蛙人。也可在进入行动开始时用其他船舶上的聚光灯照射目标船甲板，使警卫暂时失明。

由小艇登船

在由小艇登船时，通常会从船尾快速实施接近行动。如果这类进入行动想要取得最大的成功概率，那么最重要的就是进入船只的驾驶人员必须具备高超的水平。无论船只是静止的还是运动的，准备实施登船的突击小组都必须极为小心，防止由此船移向彼船时弄伤手指。因此必须反复练习船舶突击，特别是对行驶中的船舶实施的突击，只有那些最优秀的部队，如海豹部队第6小队或特种舟艇部队（SBS）才具备如此高超的技能。

快速索降进入

利用直升机快速索降至目标船甲板上或许是最好的进入方式，但直升机驾驶员必须熟悉海上行动，因为船舶的甲板可能会上下起伏。如果劫持者在甲板上进行反抗，那么在突击小组快速索降时还需要直升机或外界提供掩护火力。通过小艇或战斗蛙人进入与通过直升机索降进入的区别在于：直接由水面进入的两种方式通常更加秘密，但是速度较慢，而通过索降速度更快，却容易引起注意。为了使快速索降能够尽量保持隐秘，突击海上船舶的标准战术是：直升机从船尾接近船只，以浪尖高度飞行，在船尾上方突然拉起进行快速索降。海豹部队第6小队经常演练这种动作，因此6名队员能够在4秒钟内从20米高度降至甲板。一旦进入行动完成，直升机会快速转向离开。

战斗蛙人

如果使用战斗蛙人进行情报搜集工作或作为突击部队的一部分，需要考虑一些具体问题。虽然潜水员极少实施突击行动，但他们仍能很好地完成支援突击小组的任务。因此，隶属于人质营救部队的蛙人必须习惯于夜间潜水和在浑浊甚至污染水域进行的"黑水"潜水（black water diving）。

> **实例**
>
> GIGN训练其队员长时间躺在塞纳河河底——此时驳船就在他们上方几英尺处通过——以学习水下渗透必需的耐性与自信。

人质营救部队（HRU）潜水员必须熟练掌握闭路呼吸装置的使用方法，这种装置在潜水员接近目标船舶的时候不会发出气泡。

人质营救部队的潜水员还需要配备专用装备，其中许多装备已经出现在海豹部队或特种舟艇部队（SBS）的武器库中。在搜集情报方面，水下照相机（如尼康相机）或水下摄影机具有极高的重要性。此外，战斗蛙人专用的夜视装置——来自以色列的一款是最好的此类装置之一——也是一种重要的情报搜集工具。

适于海上使用的武器

对于承担海上营救任务的部队而言，无论是通过水面还是通过水下实施行动，武器与无线电都必须能够经受海洋环境的考验。绝大多数现代武器系统与弹药都能在海上使用，但战斗蛙人使用的武器、弹药必须接受浸入或接触海水的测试。GIGN在水下行动中使用Norma弹药的特种马努兰子弹。通常，行动中使用的弹药必须通过至少5米水深的测试。虽然一般不会在浸没状态下射击，但格洛克还是研制出一款特种"浅水"型格洛克17型手枪。由于绝大多数武器都不应在枪管中有水的情况下射击，因此从水中突入的人质营救部队一定要学会在登上目标船后迅速将枪口向下倾斜以排除枪管中的积水。有些小组配有特殊防水容器，能够在游泳时携带武器。对于需要通过潜水或借助小艇进入的狙击手而言，这种容器具有重要价值。

狙击步枪

需要注意的是，虽然某些狙击步枪专门采用了高分子材料以抵御海洋环境的影响，但能够同样抵御海洋环境的瞄准镜才是最为重要的。柳波德公司能够提供可以至少在10米深度防水的狙击瞄准镜，这些瞄准镜在承担海上人质营救任务的部队中很受欢迎。此外还要记住，在对船舶实施的突击行动中，狙击手很可能必须以潜水方式或借助小艇才能到达自己的射击位置。

浮力板

潜水员面临的另一个特殊问题是所带装备的重量。为了克服额外的负重，美国海军海豹部队采用了内置浮力板的装备携行背心，这种背心有助于抵消弹药和装备的重量。

突击扶梯

登船用的突击扶梯应当加有衬垫以避免发出声响。如果这种扶梯由战斗蛙人负责安放，那么它们自身应当具有浮力或是装有漂浮装置以便于拖曳。有些潜水部队装备了伸缩型扶梯，其前端装有带衬垫的挂钩，能够迅速固定在船尾或甲板边缘。武器的挂带也非常重要，这样才能在攀登时解放双手，而且放下的武器也不会掉入水中。

夜视光学设备

由于登船行动可能是在完全黑暗的情况下展开，电源在沿着走廊前进时也可能被切断，因此承担肃清船舶任务的小组需要配备夜视光学仪器。

弹药

还应注意至少应有某些人员配备步枪口径武器，并且可以使用两种类型弹药——易碎子弹和穿甲子弹。

由于许多船舶的舱壁均为钢制，因此在走廊或人质所在舱室内开枪时存在出现跳弹的威胁，此时使用易碎子弹比较理想。

另一方面，有时可能需要透过舱壁向躲在隐蔽物后面的劫持者射击，此时穿甲子弹较为合适。

如果同时携带两种弹药，那么应当在弹匣上做出颜色标记，以防出现失误。跳弹或子弹碎片危险使得登船肃清小组最好能够佩戴防弹眼镜。

化学弹药

在执行船舶肃清任务时，也有可能用到化学弹药。但是许多船舶的通风系统要么阻碍、要么过分放大了瓦斯的效果。如果需要使用化学弹药，那么建议向船舶设计师和维修人员进行咨询。由于走廊和舱室中存在大量金属材料，因此干扰装置的效果可能会由于回音和震荡而得到轻微加强。

对船舶实施肃清

在对船上的楼梯间和走廊进行肃清时，特种武器与战术小组摄像机或检查镜可能具有重要价值。但有些走廊可能会过于狭窄，无法采用常用的小组前进方式。有时可能需要安排一至两名队员低姿前进——采取蹲伏甚至卧倒的姿势——同时其他人从舱壁后方为他们提供掩护。在肃清走廊的同时，重要的是也要肃清两边的舱口。闩式铁门或舱口可以使用楔子固定牢靠，而海军式的速动门（那种带有手摇转轮的舱门）则可以将其旋转锁死。

但是，船舶结构的特点——无数的水密门、通道和舱口——需要进行大量的肃清工作。因此，关于人质与劫持者位置的情报极为重要。此外还必须记住，船舶的肃清只有在突击小组安全登船之后才能展开。因此，无论是从水中还是从直升机上进入，进入行动必须取得成功。如果进入行动遭遇抵抗，那么安排狙击手或其他射手进入射击位置提供掩护火力将决定整个行动的成败。

组建专门的海上营救部队

在许多国家，一支反恐部队负责发生在陆上的紧急事件，而另一支则负责海上的紧急事件。例如，在美国，联邦调查局人质营救小组和三角洲部队负责陆上行动，而海豹部队第6小组负责海上事件。同样，在英国特种空勤团负责陆上，特种舟艇部队负责海上。虽然这需要对两支部队进行维护和训练，但这能让海豹部队第6小组之类的部队不断进行演练，掌握对海上航行船只实施成功营救所需的高度专业化的技能。

对飞机实施突击

由于对被劫客机实施成功的突击需要调动大量的资源，因此通常只有受过高度训练的国家反恐部队才会受领这类任务。但数目众多、由短程客机或私人飞机使用的小型机场使得每个承担人质营救任务的部门都要或多或少考虑飞机突击面临的特殊问题。

人员的数量

负责对大型商业喷气客机采取行动的营救小组认为，仅实施突击就需要40名队员。对宽体干线客机，这一数字会增加到72人。此外，还要安排狙击手、观察员、驾驶员、扶梯操作员、谈判专家、指挥人员、干扰装置操作员等人员。至少美国进行的一次大型演练投入了将近100名人员。

制订突击计划

如果能够事先制订计划并进行演练，那么对客机实施成功突击的可能性会大为增加。那些负责进行飞机突击的小组通常会安排在航空公司现役的各种主要机型上进行演练。负责突击飞机的队员提前了解每种飞机的机门开启方式是非常重要的。例如，波音747与DC-10装有侧铰链，机门向外开启，而767则安有一扇电力操纵、向上开启的机门。波音727采用机门与舷梯结合的形式，能够从尾部逃出。了解不同类型的机门及其位置并且演练过突入行动的小组成功实施突击的可能性更大。不过，突入行动更有可能通过机翼紧急出口、机头紧急出口，或是舱门和货物出口进行。但提前了解情况并进行演练能够大大加快此类突入行动。

突入与演练

通过预先计划与演练，营救小组能够找出可能存在问题的方面。例如，由于通过机翼上方的紧急出口进入飞机比较困难，因此有经验的小组通常会安排体型最小的队员承担这项任务。演练也表明，在突击发起前秘密靠近机翼的时候，突入小组必须慎重选择落脚的位置，否则可能引起机翼中储存的燃油发出响声，引起劫持者的警觉。GIGN有一种通过机翼紧急出口进入飞机的有趣方法。在投入任何小组以前，首先投入经过训练、会对任何持枪者发动攻击的警犬。尽管GIGN进行过大量训练，但仍会遇到各种问题（见附录1）。在制订突入计划时，最好是能安排多个突入点，以便让尽可能多的"枪手"迅速进入机舱。

扶梯

装备适合各种飞机型号、可供全副武装的突击小组迅速登机的扶梯也是另一项必须注意的问题。至少某些国家营救小组装备了适用各种机型、随时处于待命状态的扶梯工具以及其他突入工具。

情报

情报在飞机突击计划的制订中也非常重要。在各种信息中，飞机的型号与大小、乘客与机组人员的数量、飞机在机场停放的位置以及有助于接近的盲点都是极有价值的。弄清机上是否有能够在突击过程中提供帮助的乘客、执法人员或军方人员也非常有用。

干扰

在制订如何接近飞机的计划时，注意寻找有助于渗入的因素，如停放在飞机旁边的行李车或服务车辆。在转移劫持者的注意力时干扰是非常重要的,但在安放干扰装置时必须十分小心,因为有可能引燃飞机。同样使用瓦斯也有一些问题,火灾是其中之一,但更重要的是,充满瓦斯的机舱与惊慌失措的乘客结合在一起,可能会使突入小组无法及时找到并消灭劫持者。

对飞机发动突击的时机

根据真实的营救行动和演练想定,很难在没有人质伤亡的情况下实施对飞机的突击。飞机机舱的局限性导致了只要劫持者开枪就可能击中人质。因此,对飞机实施突击通常只有在"如果突击小组不采取行动,人质显然就会面临比采取行动更大的危险"的情况下实施。

虽然很多警方人质营救小组会被招来处理发生在建筑或车辆中的人质事件,但对于发生在船舶或飞机上的人质事件,极有可能交由国家反恐部队处置。对船舶和飞机实施成功的突击需要高超的技能和先进的装备,而这只有那些受过高度训练、资金充裕的专职人质营救部队才能做到。

11

结论与一般原则

> 在人质事件发生后,特别是在恐怖分子扣押大量人员以后,不但人质自己成为人质,而且人质事件发生国或人质所属国的整个政府体制都成了人质。

在跨国事件中，全世界的相互依存体系在外国侨民与安全合作问题上往往面临考验。因此，人质营救人员的肩上承担着巨大的责任。

为成功营救制订计划

对于那些不断训练、一周7天、每天24小时随时待命的最专业的人质营救部队而言，自己的献身精神与辛苦工作也许会在某次遭受两败俱伤的人质事件中经受考验。

甚至最成功的人质营救行动常常也会导致一名甚至更多人质死亡。如果某支部队必须"采取行动"，10名人质死亡，而150名幸存，那么这次行动究竟是成功还是失败？

当然，如果不发动这次突击，那么160名人质可能都会死亡，从这个角度看这次行动肯定取得了成功。

但除了那些参与反恐与人质营救、明白开展营救行动，特别是在被劫飞机上开展营救行动的艰巨性的人员以外，对民众而言，失败或者所谓的失败常常会比成功更引人关注。不但如此，我们还无法估计有多少人质事件是由于来自联邦调查局人质营救小组、特种空勤团、法国国防部下属反恐部队或德国边境警卫反恐部队的待命小组做出了采取行动的姿态而得以避免。当然，有些因素会使得某些恐怖分子选择其他地点作为目标，而不是与可能打击自己的训练有素的反恐战士为敌。

通过谈判解决

但是，与最好的人质营救部队一样，最好的解决方案是通过谈判不伤一人解决人质事件。家庭暴力——如某个家庭被其中一名家庭成员劫持——的案件或由于罪行暴露而演变成的人质事件往往可以通过谈判解决。在许多恐怖主义人质事件中，只要恐怖分子的某些要求得到满足，谈判解决也是可能的。

与恐怖分子谈判的问题主要在于观念。绝大多数政府将与恐怖分子谈判视为软弱的标志，认为这可能导致将来发生更为恶劣的恐怖事件，这种认识在一定程度上是正确的。结果，在人质事件发生后，政府所面临的采取决定性行动的压力不断增大。实际上，在埃及和委内瑞拉发生的某些人质事件中，击毙恐怖分子似乎比营救人质更为重要（见附录1）。这里还应当指出，从严格的政府角度来看，如果人质营救小组被迫实施突击，那么最好是将所有劫持者全部消灭。这意味着不但要迅速将他们作为一种威胁而消灭，而且还意味着将将他们从同伙可能发动的旨在营救他们的恐怖主义"游戏"中除名。

选拔营救小组

人质营救人员的选拔需要在热情高涨、雄心勃勃与行事谨慎之间做出平衡。因此，人质营救部队的人员通常会比其他警方或军方精英组织更为成熟。30岁出头但体格健壮的男性常常是最好的选择。由于实施成功的人质营救需要精准的射击技能，因此在选拔人质营救部队队员时射击技能是一项极为重要的标准。枪法确实可以通过训练加以提高，但一定要具备基本技能。只有进行大量的训练、对自己的能力极为自信才有可能向距人质毫厘之遥的地方开枪射击以拯救人质。

时间

同时还要牢记，对于参与人质营救的人员来说，时间是一项非常重要的因素。在正在进行的人质事件中，时间通常在人质营救小组这边,因为时间有利于谈判专家达成妥协,有利于加深劫持者与人质的联系,有利于突击小组不断地改进计划、演练突入。一旦突入开始,时间就成了敌人。一旦干扰装置启动、突入开始,那么突入小组通常最多有7秒钟时间进入现场,消灭劫持者。此后人质死亡的概率将大大增加。

干扰

指的是能够转移劫持者的注意力、为营救小组赢得"黄金时间"的手段。所有含有人质、突击小组和营救小组其他人员的训练措施都应包括干扰措施。谈判专家也应当练习如何干扰对方,使其不会注意可能的突入位置。一位早期美国著名的棒球队员基勒曾经这样解释自己的击球技巧:"我会专向他们防守不到的地方打!"可以说,他很好地诠释了人质营救战术。

收集数据

为了在劫持者"防守不到"的地方打败他们,必须获得及时、有效的情报。因此,狙击手、谈判专家以及情报专业人员必须收集关于现场、劫持者和人质的尽可能多的数据。只有拥有信息——特别是关于人质和劫持者的位置的信息——才有可能成功地完成突击计划。

人质营救是一项非常严肃的事业,不容出现失误。这也是为什么即使是肩负这一任务的军队或警方最精锐的部队也必须经过数月甚至数年的额外训练,并且还要不断练习以保持良好的状态。本书中讨论的战术、技术来自作者和他曾学习过的许多专业人士的实践经验。但这些都只是一般认识。每起人质事件都是独特的,需要采用独特的解决方法。但这起事件的要素也许以前曾经出现过。因此,绝大多数顶级人质营救部队在挑选队员时认为智商与勇敢一样重要,这种现象绝非偶然。

通过研究过去的人质事件，或许还包括对其进行重建或对其进行调整以用于训练的方式，对那些负责制订计划、实施人质营救行动的人就能拥有一个制订、执行营救计划的良好基础。

附录1　本文所引真实事件的概要

第1章

"王子门"。1980年4月30日，6名来自阿拉伯解放民主阵线（Democratic front for the liberation of Arabistan）的恐怖分子占领了位于伦敦"王子门"的伊朗使馆并劫持了26名人质。在被警方包围期间，5名人质得到释放，1名人质被处死。后者导致早已待命的特种空勤团于5月5日发动突击。5名恐怖分子被击毙，1名人质死亡，另2名受伤。对这次突击行动的电视转播将特种空勤团和各种人质营救部队暴露在聚光灯下。

第3章

南马鲁古恐怖分子/德庞特列车。1977年5月23日，9名南马鲁古恐怖分子劫持了载有94名人质的德庞特列车，同时他们的4名同伙占领了博芬斯米尔德中学，当时校内共有105名学生和4位老师。恐怖分子希望荷兰迫使原殖民地印度尼西亚给予南马鲁古岛独立，给流浪在外的人们一处家园。事件延续了3周，部分原因是恐怖分子认为荷兰政府软弱无能，不会使用武力，使得谈判专家丧失了"显示强硬"的资本。最后，荷兰皇家海军陆战队对两处地点同时发动突击，将劫持火车的恐怖分子击毙6名，2名人质丧生。学校中的所有恐怖分子均被生擒，人质全部获救。这次突击行动比较有趣的一点是荷兰皇家空军使用的F-104战斗机，它们进行低空飞行，并且在火车上方打开加力进行干扰，迫使恐怖分子和人质在突击过程中都保持着低头弯腰的姿势。

第5章

大卫教派营地。美国酒精、烟草与火器局（ATF）于1993年2月28日突袭了这一宗教营地。来自ATF的多名探员被打死，随后警方进行了将近一个月的包围。虽然有些谈判专家并不建议实施突击，但1993年5月联邦调查局警员还是试图向营地内投掷催泪瓦斯，结果引起火灾——据称是营地内部人员放火——导致75名大卫教徒死亡，其中包括33名妇女和儿童。一份调查报告将火灾责任归咎于对该营地使用了化学弹药和催泪瓦斯这一事件导致联邦调查局对其在嫌犯劫持人质事件中的谈判政策和决策制定方法进行了重新评估。关于是否应将这一事件归为持械拒捕或人质事件存在争议，而司法部则坚持"营地中的儿童属于人质"这一假设。

营救多齐尔将军。1982年1月，意大利中央安全作战小组（central security operation group，NOCS）的10名队员实施了一次营救被红色旅绑架的美国将军詹姆斯·多齐尔——美国驻意大利最高级别军官——的行动。在营救过程中，10名中央安全作战小组（NOCS，反恐界经常根据其名称缩写将其称为"打击"）队员用格斗术将恐怖分子打倒并抓获，使其最终受到了审判。

第6章

利马。1996年12月18日，14名图帕克·阿马鲁叛乱分子占领了位于秘鲁利马的日本大使官邸，而此时官邸内正有600名宾客举行聚会。叛乱者宣称，他们占领官邸的目的是为了抗议日本对秘鲁政治生活的干涉（秘鲁总统藤森为日裔），也为了抗议自己的同伴在监狱中受到的待遇。在前两周内，除了74名人质外，绝大多数人质都被释放，但事件持续了4个多月。秘鲁反恐人员成功地安装了摄像机和监听装置，从而有效地搜集到关于恐怖分子日常活动的情报。长期包围也使营救小组能够在官邸模型中进行大量训练，并且挖掘出一条220米的地道直达突入小组准备进入的位置下方。1997年4月22日营救行动展开，由于进行了反复演练，因此行动开始后只用41秒就结束了战斗。营救过程中，2名秘鲁突击队员死亡，1名人质被杀，所有14名恐怖分子均被击毙。

第8章

科罗拉多州利特尔顿。 1999年4月20日，在美国科罗拉多州利特尔顿的科伦拜恩中学，2名持有枪支与自制炸弹的少年打死12名同学和1名老师，打伤至少20人，最后2人自杀。这一事件导致全美所有执法机构对各自处理"随意开枪者"的政策进行了评估，促使负责营救与突入任务的机构开始在学校中进行行动演练。

马阿拉特（Ma'alot）。 1974年5月14日，3名巴勒斯坦武装人员在马阿拉特一所学校中劫持了100名人质。以色列总参谋部侦搜部队（Sayeret Mat'kal）试图采取突击行动，但耽误时间过久，并且情报有误（他们错误判断了恐怖分子在建筑中的位置）。26名人质被杀，60名人质重伤。作为此次事件的一个结果，以色列组建了亚曼反恐部队（Ya'ma'n）。

第9章

吉布提。 1976年2月，6名来自索马里海岸解放阵线（Front for the Liberation of the Coast of Somalia）的恐怖分子劫持了一辆载有法国空军人员子女的校车。他们将汽车开至吉布提与索马里的边界，以便得到同情自己事业的索马里边境警卫部队的掩护。GIGN的指挥官和9名队员被派去执行营救任务。由于校车停放在开阔地，因此在可能的情况下最好使用狙击火力消灭劫持者。为了防止儿童露出身形，影响对恐怖分子射击，他们向小车上送去了放有安眠药的食物，使儿童都昏睡过去。在得到"开始行动"的信号后，6名恐怖分子中的5名均被准确击毙，但最后1名恐怖分子不在车上。在反恐队员冲过200米的距离登上校车之前，这名恐怖分子冲回车上杀害了1名女童，最后他也被击毙，其他人质均安全获救。

慕尼黑。 1972年9月5日，8名来自巴勒斯坦黑九月组织的恐怖分子对以色列奥运会代表队的住处发动了攻击，劫持9人，杀死2人，后者的抵抗使11人得以逃脱。恐怖分子要求释放被关押在以色列和其他国家的200名恐怖分子。最后，恐怖分子被告知，将为他们安排一架飞机，并可将他们和人质送往机场，而联邦德国警方则计划在那里用狙击手阻止他们。同时，也没有安排在狙击手无法消灭所有恐怖分子的情况下马上跟进的突击小组。在这场灾难性的行动中，所有人质、5名恐怖分子死亡，另外3名恐怖分子被捕。这一事件促使联邦德国组建了边境警卫反恐部队和许多其他专业反恐部队。

第10章

恩德培。1976年6月27日，一架空中客车飞机被巴勒斯坦某组织和联邦德国红军旅恐怖分子共同劫持，并强行降落在乌干达恩德培机场。103名犹太乘客被单独关押，恐怖分子向以色列提出一系列政治要求。乌干达独裁者伊迪·阿明（Idi Amin）支持恐怖分子，使用自己的军队提供额外的保护，使得营救行动异常困难。但是，以色列人派遣总参谋部侦搜部队和伞兵实施营救。经过8个小时的飞行之后，以色列打击部队乘坐3架C-130运输机降落在恩德培。营救行动利用一位假扮阿明总统的士兵欺骗对方并接近了机场航站楼（他们使用一辆相同的轿车，利用了阿明故意在军队中保持恐怖气氛的情况，这样就不会有人愿意上前查看）。事件中，3名人质被杀，1名当时正在住院的女人质事后失踪，据悉已经被害，其余人质均获救，至少20名乌干达士兵和恐怖分子哨兵被杀，许多乌干达士兵受伤。以色列的死者只有尤尼·内塔尼亚胡，他是此次行动的指挥，也是现任以色列总理本杰明·内塔尼亚胡的哥哥。

摩加迪沙。1977年10月13日，4名代表德国恐怖组织红军旅的阿拉伯恐怖分子劫持了一家汉莎航空公司的喷气式飞机，企图换取释放红军旅恐怖分子。飞机最后降落在索马里摩加迪沙，一名试图通过无线电传递信息的飞行员被杀。一支20人的德国边境警卫反恐部队突击小组，以及2名装备震荡手榴弹的英国SAS队员参与了行动。震荡手榴弹被作为干扰手段将恐怖分子吸引到飞机前部，随即德国边境警卫反恐部队展开突击，营救出全部86名人质，击毙和抓获所有恐怖分子。

马赛飞机突击行动。1994年12月，一家法国航空公司的航班在阿尔及利亚被4名来自原教旨主义武装组织的恐怖分子劫持。被劫两天之后，飞机载着172名乘客飞往马赛，当劫持者提出为飞机加油以飞往巴黎并且停止与法国政府谈判时，人们判断他们很有可能计划在法国首都制造坠机事件。因此，GIGN受权对飞机实施突击。GIGN在控制塔安排了狙击手以瞄准驾驶舱，40名队员参加了突击行动。突击小组成员穿着机场工作人员的制服渗透到飞机附近，计划要求15名队员通过安放在飞机右前门的一架移动舷梯进入机内。当狙击手发现全部4名恐怖分子均在驾驶舱内或附近时，突击小组试图将干扰装置扔进驾驶舱的一扇舷窗，但当一名恐怖分子投出一颗手榴弹时出现了问题。再次努力之后，终于有一枚干扰装置被投进了窗户。然而突击部队在进门时还是遇到了困难。他们迅速开始肃清飞机——就像他们在类似的模型上演练过的那样——并将恐怖分子围困在驾驶舱内，后者不断向人质开枪。最后所有恐怖分子均被击毙，13名乘客、3名机组人员和9名GIGN队员受伤。

第11章

埃及飞机营救行动。埃及777部队曾经参加过两次灾难性的飞机突击行动，这两次行动均可用作营救行动的反面教材。第一次行动发生在1978年2月18日，一架飞往开罗、载有许多埃及乘客的塞浦路斯航空公司喷气飞机遭到劫持，降落于尼科西亚机场（位于塞浦路斯）。在没有得到塞浦路斯政府允许的情况下，埃及777部队在该机场降落并立即发动突击，导致与守卫飞机的塞浦路斯国民警卫队发生交火，后者误认为埃及人是前来支援机上的恐怖分子。交火的结果是，15名777部队队员死亡，其他多人受伤，大量塞浦路斯国民警卫队员也被打死，而飞机则没有受到突击。

第二次行动发生在1985年11月24日，来自阿布·尼达尔派的巴勒斯坦武装分子劫持了一家埃及航空飞往雅典的班机，将其劫往马耳他。这一次777部队确实得到了马耳他政府允许开展营救行动的批准，但在采取爆破突入的过程中，将近20名人质死于爆炸。此后突击小组投掷的烟幕手榴弹不但模糊了自己的视线，而且在飞机上造成了恐慌。突击队员们是如此专注于击毙恐怖分子，以至于他们向所有在走廊上移动的可见目标开火，盲目杀死了更多人质。777部队的狙击手也打死了一些想要逃离飞机的人质。结果，共有57名人质在行动中死亡。

委内瑞拉飞机突击行动。1984年7月，委内瑞拉特种干预旅（Special Intervention Brigade）在阿鲁巴（Aruba）对一架被劫飞机实施突击。突击过程中所有79名人质全部获救，但有迹象表明，这次突击主要是为了对劫持者灭口，据称后者曾经为政府实施过秘密行动，因此要求获得报酬。

附录2　数据表

劫持者

姓名 _____　　性别　男／女

年龄 _____　种族 _____　发色 _____

眼睛颜色 _____　身高 _____　体重 _____

衣着 _____

武器与防护装具 _____

医疗史 _____

精神病史 _____

使用过的处方类药物 _____

毒品与酒精滥用 _____

犯罪记录 _____

暴力倾向 _____

军队或警察经验（特别是与武器或爆炸物有关的内容）_____
_____

婚姻状况 _____ 痛苦离婚？_____

近亲 _____

与团伙或极端组织的联系 _____

有无职业 _____ 如有职业，在何处工作？_____

教育情况 _____

爱好与兴趣 _____

其他可能比较重要的信息 _____

人质

姓名 _____ 性别 男 / 女

年龄 _____ 种族 _____ 发色 _____

眼睛颜色 _____ 身高 _____ 体重 _____

衣着 _____

被关押的环境 _____

是被作为劫持对象有意劫持，还是被偶然劫持？
_____

健康问题（特别是那些可能会对营救活动产生影响的心脏问题之类的疾病）_____

使用过的处方类药物 _____

婚姻状况 _____ 家庭成员也被劫持了么？ _____

如果是，那么是谁，何种关系 _____

其他近亲 _____

雇主 _____ 教育情况 _____

爱好与兴趣 _____

心理状况评估 _____

谈判专家注明，是否与人质有过接触 _____

其他可能比较重要的信息 _____

附录3 人质谈判专家心理检查表

（与小组心理学家一同使用）

精神分裂症

症状

— 对象存在妄想（特别是怪异妄想） ____

— 对象遭受幻觉的折磨 ____

— 对象的言语和行为错乱 ____

— 对象表现出情感表达能力受限 ____

— 对象表现出思维与言语缺少流畅性 ____

— 对象作出不适当的反应 ____

对人质营救小组的意义：患有精神分裂的嫌犯会变得失去个性，因此不大可能与人质建立情感联系。他也可能出现病态恐惧，显示出极度焦躁不安，使得谈判专家很难得到他的信任。有些精神分裂者具有很强的暴力倾向。

妄想型精神分裂症

妄想型精神分裂者会表现出精神分裂的许多症状，但通常不会表现出同样的错乱。其他症状包括：

— 焦躁 ____

— 愤怒 ____

— 冷漠（孤僻） ____

— 好争论   ____

— 幻听（特别是那些告诉他采取某种行动的内容）   ____

— 感觉受到迫害   ____

意义：妄想型精神分裂症患者通常非常聪明，但有暴力和自杀倾向。

躁郁症

处于躁狂期的症状为：

— 对象坐立不安，无法安静地坐好   ____

— 对象不能集中精神   ____

— 对象表现出快速的断断续续的思维与语言   ____

— 对象在思想和语言上表现出对宗教极度关心   ____

— 对象容易冲动   ____

— 对象表现出夸大妄想   ____

— 对象极度活跃（亢奋）   ____

处于抑郁期的症状：

— 对象表现为体力极度透支   ____

— 对象表现缺少兴趣   ____

— 对象总是自责   ____

— 对象可能自杀   ____

对人质营救小组的意义：在躁狂期中，对象可能由于冲动而杀死人质。他也有可能并未领会现场主管机构造成的威胁，因此不会表现出讨厌暴力或愿意谈判。在抑郁期中，对象可能会告诉谈判专家"滚开"或者拒绝对话。

物质诱发的精神失常

这种类型与许多其他精神人格相同的症状,但其特殊症状包括:

— 对象有物质滥用史

— 对象遭受幻觉的折磨
（特别是他没有意识到这是酒精或毒品造成的）

— 对象受到妄想的折磨

意义:遭受与物质相关的精神症状的对象更容易产生受虐幻觉。他们也可能会看到扭曲的脸庞,因此有可能将人质看成怪兽或其他反常的事物。这种情况有可能导致对人质施加暴力。

反社会人格(社会病态人格)

症状

— 对象很少或几乎没有表现出责任感,总是倾向于责备他人

— 对象藐视真理

— 对象无羞耻感

— 对象表现出毫无后悔的反社会行为

— 对象不会从经验中学习

— 对象领悟能力较差

— 对象对善意没有回应

— 对象自私冷漠

— 对象的挫折承受能力很低

— 对象在与谈判专家打交道的过程中非常现实

注意:上述某些症状可以从以往的犯罪记录中发现线索,因为这种心理类型(的人)极有可能以前曾经与政府部门有过过节。

对人质营救小组的意义：虽然这种类型的人很少尊重法律或社会常规，也不尊重人质，但他对自己往往非常看重。因此自我保护可以被用作一项推动因素，而得知突入小组正在现场也将有力地促使他通过谈判努力达成对自己最好的结果。

不健全人格

症状

— 对象难以对情感、社会、智力或身体的需要做出回应　　____

— 对象依靠他人获得观点或意见　　____

— 对象难以处理细节问题　　____

— 对象表现出社会不稳定性　　____

— 对象的判断力较差　　____

— 对象缺乏耐力　　____

— 对象在较长时间内表现得不合常理　　____

意义：这种类型的人格在谈判中很难对付，或许很难做出决定。如果有一名以上的劫持者，那么最好不要与这名劫持者谈判，因为他更有可能成为领导者的追随者。但在有些情况下水平极高的谈判专家能够对这类人格类型施加影响。

术语

Ammo	弹药
BDU	美国军用伪装服
BTSP	联邦艇尾型软头弹（boat tail soft point）
CAD	计算机辅助绘图
CP	指挥所
Delta Force	美国陆军反恐部队
EMT	医疗急救小组
EOD	爆炸物处理
FBI HRT	联邦调查局人质营救小组
GIGN	法国国防部下属反恐部队（Groupe d'intervention gendarmerie nationale）
GSG-9	德国边境警卫反恐部队（Grenzschutzgruppe 9）
HazMat	有毒物质
HRU	人质营救部队
K9	经训练用于军事或警方用途的军犬和警犬
LTR	轻型战术步枪
MOA	角分
MOPP	以任务为导向的保护态势
NATO	北大西洋公约组织
NBC	核生化

RAID	反应、辅助、干预与阻止部队（法国内政部下属反恐部队）
Recce	侦察
SAS	特种空勤团
SBS	特种舟艇部队（英国皇家海军陆战队下属特种部队）
SEAL Team Six	美国海军反恐部队
SERT	特种紧急状况反应小组
SIG	瑞士轻武器制造商
SMG	冲锋枪
SOCOM	特种作战司令部
SOPs	标准行动程序
SRT	特种反应小组
SSG Styer	狙击步枪
SWAT	特种武器与战术小组
TOC	战术作战中心
TAP	警用战术用途（tactical application police）
USMC	美国海军陆战队
Zodiac	军方与警方部队使用的橡皮小艇

推荐阅读书目及资料

C.贝克威斯：三角洲部队[M]. 纽约：哈克特、布雷斯与亚诺维奇出版社，1983.

B.戴维斯：火的魔术：摩加迪沙劫机事件[M]. 伦敦：布鲁斯伯里出版社，1994.

C.多布森，R.佩恩：反击：西方与恐怖分子者的斗争[M]. 纽约：百科全书，1982.

C.多布森，R.佩恩：恐怖分子：他们的武器、领导与战术[M]. 纽约：百科全书，1982.

S.M.卡兹：世界顶级反恐部队指南[M]. 香港：协和出版社，1995.

S.M.卡兹：世界顶级海军特种作战部队[M]. 香港：协和出版社，2000.

R.马琴科：流氓勇士[M]. 纽约：口袋星图书公司，1992.

太平洋军事海运司令部（MSCPAC）.船舶安全训练指南[R].

S.梅顿：特种武器与战术小组（SWAT）的训练与运用[M]. 科罗拉多州博尔德：帕拉丁出版社，1987.

S.梅顿：特种反应小组/特种武器与战术小组高级课程[M]. 华盛顿州奥林匹亚：最终选择出版公司，1989.

小普雷斯特少校：终极狙击手[M]. 科罗拉多州博尔德：帕拉丁出版社，1993.

狙击手数据手册[M]. 华盛顿州奥林匹亚：最终选择出版公司，1991.

R.斯诺：特种武器与战术小组：与美国最危险罪犯对峙[M]. 纽约：普莱尼姆图书公司，1996.

战术训练参考指南[R]. 华盛顿特区：核材料安全与警戒办公室，1988.

勒罗伊·汤普森：营救者：世界顶级反恐部队[M]. 科罗拉多州博尔德：帕拉丁出版社，1986.

美国陆军反恐指南[R]. 亚利桑那州西姆斯，兰瑟尔军品公司，1994.